# 子どもの命を守るために

## 保育事故裁判から保育を問い直す

平沼博将
繁松祐行
ラッコランド京橋園乳児死亡事故裁判を支援する会 編著

## 刊行にあたって

棚橋恵美

　私は、2009年11月17日、認可外保育施設ラッコランド京橋園で4か月の息子、幸誠を亡くしました。

　幸ちゃんは、2009年7月14日、暑い夏の日に元気に生まれました。男の子がほしくて、男の子だとわかった時は、本当にうれしく、会えるのを楽しみにしていました。

　幸ちゃんが生まれてからは、こんなに幸せでいいのかと思うぐらい、家族4人で毎日幸せな日々を送っていました。私の顔を見ると、ニコニコ笑ってくれる幸ちゃん、赤ちゃんはこんなにも笑うのかとびっくりするほどでした。

　もう二度と幸ちゃんの笑顔を見ることはできません。幸ちゃんを抱きしめてあげることも、幸ちゃんの泣き声を聞くことも、何もできなくなりました。

　幸ちゃんはひとりぼっちで亡くなりました。苦しかっただろう、どんな思いで亡くなったのかと思うと、つらくてたまりません。

　ラッコランドで意識がなくなった幸ちゃんは病院に運ばれました。私が駆けつけた時には、幸ちゃんは心臓マッサージをされていました。幸ちゃんに触れると、もう冷たくなっていました。

　「運ばれてきた時には、もう手遅れだった」

　そう言われて、愕然としました。

　今でも、その日のことが頭から離れません。

　どうして幸ちゃんがこんなことになったのか、何が起きたのか、幸ちゃんがなぜ亡くなったのか……知るために解剖をすることにしました。2日後、幸ちゃんが家に帰って来ました。いつも見ていた幸ちゃんの顔ではなくなっていました。

　本当につらく悲しい日々を送りました。

　私は死因だけでも知りたい。そう思いましたが、解剖結果は「不詳」と

いうものでした。半年ほど時間をかければ死因はわかると言われ、待ちました。結果は「不詳の死」でした。

　何のために解剖したのだろうと、解剖を決めた自分を責めました。亡くなってからも、痛いことをしてしまった。そんなことばかりを考え、自分を責めることしかできなくなっていました。

　お姉ちゃんの一言に顔を上げた
　毎日、毎日、泣きながら幸ちゃんに謝っていました。幸ちゃんは私を恨んでいるだろう。もっともっと生きていられたはずなのに、どうして幸ちゃんがこんな目にあわないといけなかったんだろうか……。その時、2歳だったお姉ちゃんに
「私が死んでたら良かった？　そしたら、ママは泣かへん？」
　そう言われました。
　その言葉で、私はこのままではいけない。そう思えることができました。

　なぜ幸ちゃんは亡くなったのかを明らかにしたい
　幸ちゃんが亡くなった日、何があったのか、当日保育にあたっていた職員に話を聞きに行きました。
　事故当日、保育にあたっていたのは2人、10代の男性と20代の女性。2人とも保育士資格はもっていませんでした。資格をもっていないことに驚きました。保育をする人は、みんな資格をもっているのがあたり前だと思っていたからです。
　話を聞いても、幸ちゃんのことはわかりませんでした。その時、幸ちゃんは眠っていたのか起きていたのか、幸ちゃんが亡くなってから2週間後、2人はその日の幸ちゃんの様子を覚えていませんでした。
　子どもを預かる場所で、こんないいかげんなことがあるのかと愕然としました。2人の話によると「5分前には生きていたが、5分後見ると冷たくなっていた」というのです。

私は2人の話を信じることはできませんでした。ただ、2人の話を聞くことしかできません。2人しか、幸ちゃんに何があったのかを知らないからです。本当は何が起きていたのか、真実を知ることはできません。幸ちゃんが亡くなったことをどんなふうに考えていたんだろう。その後は、2人と話すことさえできなくなり、幸ちゃんのことを知るすべはなくなりました。何一つ納得できていませんでした。大切な子どもが亡くなり、亡くなった原因も、死因も、その時の様子も、何もわからないままなんてありえない。何でもいい、幸ちゃんのことなら、少しでも知りたいと思いました。
　私は裁判をすることを決意しました。

### 大阪市の責任は？
　認可外保育施設にも、大阪市の立入調査というものがあります。
　ラッコランドには、数年間、いくつもの指導を大阪市はしていました。中には、資格者不足などもありましたが、改善はされず、当時の職員に有資格者は、たった一人でした。
　何のために、誰のために立入調査をしていたのか、私には全くわかりません。
　私の中に、ラッコランド以外にもひどい所はあるかもしれない。このまま何もしなければ、また子どもが亡くなるような事故が起きるかもしれない。ラッコランドと大阪市を訴え、裁判をすることで何かが変わるのではと思い、裁判を始めることにしました。

### 裁判を取り組む中で
　裁判は大変でした。何度も何度も、心が折れそうになりました。
　裁判の中で、最初の壁は死因でした。窒息死か病死、SIDS（乳幼児突然死症候群）か、それがはっきりしないことには話が前にすすみません。死因を原告である私たちが証明しないといけない。事故当日のことが何もわからないのに、証明するのは難しいことでした。

私たちは、幸ちゃんの死因は窒息死だと主張しましたが、相手側はSIDSだと主張しました。死因が曖昧なまま裁判は進み、証人尋問が始まりました。事故当日現場にいた２人が証言しました。「しっかりチェックを行い、５分前までは呼吸確認を行い、口や鼻がふさがっていることはなかった」と証言しました。私たちがどんなに訴えても、現場にいた２人の証言が全面的に採用され、大阪地方裁判所での一審判決は、私たち原告側の全面敗訴に終わりました。
　本当につらく、悲しかったです。幸ちゃんは亡くなっているのに、どうして私たちが……と思う裁判でした。こんな判決が下されるなんて思ってもいないことでした。正義はないと思いました。判決に納得できず、控訴しました。
　大阪高等裁判所の裁判のなかで、事故当時、ラッコランドで働いていた唯一の有資格者であった保育士さんに出会うことができました。幸ちゃんが起こしてくれた奇跡だと思うほど、その方が裁判で証言に立ってくださったことで、判決は覆り、ラッコランド京橋園に対しては全面勝訴できました。
　その方の証言のなかで、「ちゃんと見るのは不可能だった。そんな余裕はなかった」と話されました。こんな施設で働かないといけない人たちも被害者なのかもしれません。ラッコランドに勝訴したことは、本当にうれしく、やっと幸ちゃんのかたきをとることができたと思いました。ただ、大阪市への訴えは棄却されました。保育の現場を少しでも変えたい、もう二度とこんなことが起きないようにと頑張ってきたことが無駄になってしまったと悔しかったです。しかし、幸ちゃんの話を聞いて、保育をよくしたい、よくしないといけないと思ってくれた人がいっぱいいます。きっと幸ちゃんの命は無駄になっていない、誰かの心を動かしたと信じています。
　裁判をするなかで、いろいろな方と出会いました。私を支え、支援してくれました。
　保育所やいろいろな場で、幸ちゃんのことを話すことで話を聞いてくれた人たちが、私の気持ちを自分のことのようにしっかりと受け止め、「負け

ないで！　がんばろう！」といっぱいの声をもらい、励まされてここまで頑張り続けることができました。

最初の頃は、話をするのが苦しく、本当につらかったのを覚えています。幸ちゃんが亡くなったことを伝えていくことに意味があるのか、そんなふうに思ったこともあります。でも話をしたことで、ステキな出会いがイッパイあり、いい方向に裁判が進んでいきました。本当に話をしてよかったと思います。

幸ちゃんのために

保育とは、子どもを保護し育てるという意味です。子どもたち、みんながよりよい環境でよりよい保育を同じように受け、育っていくことを私は望みます。

幸ちゃんに会うことは二度とできません。幸ちゃんのためにも、これから先、保育の現場で子どもが亡くなることが決してないよう、私は保育をよくするために力をつくしたいと思っています。

保育制度も保育内容も、もっとよくなっていくことを願って

今回、本を出版するということで、自分の気持ちを書かせてもらいました。多くの人に読んでほしいと思います。保育士さん、子どもを育てている方々、こんなことが起きていることを知ってほしい。知ることで防げる事故があると思うからです。

この本を読み、「保育士の仕事は怖い」「命を預かっている重みがつらい」など、感じる人もいるかもしれません。ただ、それを感じ取れる人はきっと『いい保育士さん』なんだと思います。この本が少しでも保育の役に立てればと思っています。たった4か月しか生きることができなかった幸ちゃんが、みんなの心を動かし、保育がよくなっていくことを願っています。

**もくじ** 子どもの命を守るために
保育事故裁判から保育を問い直す

刊行にあたって（棚橋恵美）　3

プロローグ　10

## 第1章　ラッコランド京橋園乳児死亡事故裁判 ……………… 13

**1 真実を明らかにするために**
　　──「支援する会」の取り組みを通して（永谷孝代）　14
　（1）事件の概要　14
　（2）裁判の経過　15
　（3）裁判を通して得られた教訓　22

**2 保育事故裁判の課題と控訴審判決の意義**（繁松祐行）　32
　（1）はじめに──事件と裁判経過の概要　32
　（2）大阪地裁での審理──裁判の立証構造と今回の争点　33
　（3）大阪高裁での審理──新たな証人と覆された「密室性の壁」　43
　（4）さいごに　48

## 第2章　保育事故をくり返さないために
　　　　──いま何が必要なのか ……………………………………… 57

**1 なぜ保育事故はくり返されるのか**（平沼博将）　58
　（1）子どもの命すら守れない日本の保育施設　58
　（2）認可外保育施設で多発する死亡事故　59
　（3）なぜ認可外保育施設では死亡事故が多いのか？　61
　（4）何が子どもたちの尊い命を奪ったのか？　63
　（5）構造的暴力としての「規制緩和」　64
　（6）本来の「保育」を取り戻すために　68

**2 保育事故に対する国・自治体の取り組み**（岩狹匡志）　74
　（1）はじめに　74
　（2）これまでの保育事故への対応　75
　（3）新たな国の事故報告制度と検証制度　79

3　子どもの命を守るために国や自治体に望むこと（仲井さやか）88
　　（1）増加してきた保育施設・事業での事故　88
　　（2）待機児童問題　89
　　（3）待機児童解消と保育士の処遇改善と配置基準の引き上げ　91
　　（4）ラッコランド京橋園乳児死亡事故裁判から認可外保育施設指導監督に求めるもの　93
　　（5）保育制度と向き合うとき　97

4　「うつぶせ寝」の危険性と保育事故をなくす取り組み（平沼博将）102
　　（1）乳児の「うつぶせ寝」をめぐって　102
　　（2）うつぶせ寝の危険性——「うつぶせ寝実験動画」の分析から　105
　　（3）睡眠中の事故を防ぐには　111

5　楽しい保育の中の安全——0歳児保育での取り組み（山本貴子）116
　　（1）はじめに　116
　　（2）日々の保育における安全面での配慮　118
　　（3）さいごに　120

コラム
　1　支援の輪に支えられて（山田倫子）30
　2　証人となった思い（清田沙織）52
　3　ラッコランド裁判を取材して（大西亜雅紗）54
　4　子どもの権利と保育事故（河村学）72
　5　保育事故「検証制度」——開始の背景とその問題点（藤井真希）86
　6　それでも子どもが好きだから——保育現場の実態（山本貴子）100
　7　SIDS・窒息死を防ぐために（春本常雄）114
　8　大阪市は何を教訓としたのか!?（田辺伸子）122

おわりに　124

# プロローグ

　2015年11月25日、午後1時15分。大阪高等裁判所74号法廷。被告らに賠償を命ずる裁判官の声……。
　「勝ったんや！」
　2014年9月24日、大阪地方裁判所。「原告らの請求をいずれも棄却する」と、わずか3秒で終わった判決言い渡し。「えっ？」一瞬何が起こったのかとあぜんとした。判決内容は、幸誠君の死因をSIDSと決めつけ、ラッコランド京橋園のずさんな運営・保育や大阪市の行政責任を何ら追及しなかった。事故当時、保育にあたっていた2人の証言を全面的に採用したものだった。
　「なんで？　証言のなかに矛盾点いっぱいあったやん！」「当事者2人の証言だけを信じるって、裁判ってなんなの？」怒りと悔しさと絶望感。恵美さんが「正義はないと思った」と悔し涙を流した。判決を受け、私たちは自分に問いかけた。「精一杯闘ったのか？」「やれることはやったと思えるのか？」答えは「NO」恵美さんの手を握って「ごめんな。ごめんな」と泣きながら謝った。
　恵美さんは「地裁が終わったら裁判をやめようと思う」と話したことがあった。裁判を闘う家族のしんどさを思うとその判断もやむを得ないと思った。しかし、誰もが法廷に正義はないと怒りで震えた判決。その思いは恵美さんも同じだった。「このままで終われない。幸ちゃんのために最後まで闘う」と決意。高裁に向けての運動が再開されたのである。
　支援する会の運動は恵美さん家族を支え、裁判を勝利することが、大きな目標だった。そして、その思いの奥には「これ以上子どもの命をおろそかに

してはならない」という保育関係者の魂の叫びが含まれていた。支援する会の立ち上げの時期、国では最低基準の見直しが議論されていた。十分な議論をするために1年間の猶予期間があったにもかかわらず、大阪市では橋下市長就任の最初の仕事が最低基準の切り下げだった（1歳児6対1へ、面積基準は待機児解消を理由に1.65㎡に緩和）。認可保育所に入れない子どもがいっぱいいるのに。やむを得ず入園した認可外保育施設のずさんな保育で赤ちゃんが亡くなったのに。まだこれ以上基準を切り下げるなんて許せない。長年、保育士として働いてきた者として、何とかしなければと怒りではちきれそうな思いだった。私たちだけでなく多くの保育関係者が「絶対に子どもの命をおろそかにする施策を許さない」という思いで高裁への運動を積み上げていった。そんな運動の中で証言者にたどり着いたのである。

　大阪高裁への運動は短期決戦だと聞いていたので、要請書を作り、たくさんの声を集めて、高裁に持って行った。高裁の事務官に「簡潔にまとめた方が裁判官の印象に残りますよ」と助言され、なぜか「ありがとうございます」と深々と頭を下げて帰ってきた。裁判の傍聴に行けば「今日は裁判官が何回もうなずいて聞いていた」と裁判官の態度にも一喜一憂した。

　大阪地裁での証人の証言内容をみんなで読みなおし、矛盾点、疑問点などを出し合い論議した。そのなかで見えてきた真実。その真実はあまりにも酷で、恵美さんの前で口にするのもはばかられた。裁判に勝ちたい思い、真実を明らかにしたい思いは同時に、ずさんな保育を明らかにすることだった。幸誠君が亡くなった経過を見つめることは、私たちにとっても、ましてや恵美さんにとってつらく悲しいものだった。

　実験もした。生理的食塩水に絵の具を混ぜ、どれぐらいの時間でマッ

トに到達するのか……。物品販売もたくさんした。ハンカチ、カレンダー、あられ……。カンパ袋には、たくさんの励ましのメッセージが書かれていた。多くの人に支えられた裁判だった。そして迎えた高裁判決の日。

　その日はほんの少し冬めいて木枯らしの吹く中、原告の恵美さんと支援する会のメンバーは裁判所の前でいつものようにビラ配布をしていた。あと少しで高裁の判決が出る。勝てる見通しは十分ある。ラッコランド京橋園で勤めていた唯一の有資格者の保育士の証言を得ることができた。粘り強い運動がつないできた糸が一つにつながった奇跡の瞬間だった。そして、大阪地裁の判決が出た日の悔しさを乗り越えての今日だった。

　傍聴席は緊張感に包まれていた。判決の前に廷吏が「どのような判決が出ても、大きな声を上げるなど感情的にならないように」と注意を述べた。ちょっと嫌な予感。そして、裁判官が被告の名前を読み上げ始めた。「もしかしたら勝ったってこと？」気がつけば隣の人と手を握り締めていた。一言も聞き漏らさないように聞いた。「勝ってるやんな？　勝ってるやんな？」と頭の中で疑問符が飛ぶ。大きくうなずく弁護士。「勝ったんや」思わず涙が流れた。判決の直後に開かれた報告集会はつめかけた記者でいっぱいになった。「裁判勝利」はうれしいはずなのに、なぜかずさんな保育で命を奪われた事実がよけいにつらかった。

　勝利集会の日、幸ちゃんの遺影を胸に家族・親戚の人たちに囲まれた恵美さんの表情は私たちが出会って初めて穏やかに微笑んでいた。

　（ラッコランド京橋園乳児死亡事故裁判を
　　支援する会　永谷孝代・仲井さやか）

# 第1章 ラッコランド京橋園乳児死亡事故裁判

# 1 真実を明らかにするために
## ──「支援する会」の取り組みを通して

### (1) 事件の概要

　2009年11月17日、大阪市都島区にある認可外保育施設「ラッコランド京橋園」で当時生後4か月の幸誠君が、うつぶせ寝状態で放置され窒息死しました。幸誠君は、棚橋さんご夫婦の第2子（長男）として生まれました。「幸せで誠実な人に育ってほしい」そんな願いを込めて「幸誠」と名付けました。結婚記念日は12月25日、「長男の誕生も合わせて結婚3周年のクリスマスを盛大に祝いたい」そんなささやかな望みをかなえるため、1か月だけ長女（当時2歳）と幸誠君を保育所に預け、パートに出る決心をしました。大阪市では認可保育所がどこもいっぱいで入所することができず、大阪市都島区の勤務先近くで認可外保育施設を探し、保育料が2人で1か月8万円と格安だったラッコランド京橋園に決めました。11月9日、幸誠君を預ける際、「うつぶせになると、まだ自分では起きられないので、窒息しないように気をつけてほしい」と園側伝え、恵美さんは仕事を始めました。そのわずか1週間後に事故は起きました。

　ラッコランド京橋園においては、幸誠君が死亡した当日、乳幼児17人（0歳児4人、1歳児5人、2歳児1人、3歳児2人、4歳児0人、5歳児4人、学童1人）に対して無資格者2人の職員のみで保育が行われていました。生後4か月の幸誠君は泣き止まないため幼児13人が走り回る部屋の床にしばらく寝かされていました。職員の一人は給食の準備に入り、もう一人は他児

の世話や雑用、来客者の対応などのため幸誠君から離れることが多々ありました。11時50分頃、今まで聞いたことのないような異常な甲高い声を幸誠君が発したので驚いて職員が見に行くと、幸誠君は顔を床に押しつけ体を顔で支えているような状態で苦しんでいたため、抱き上げて乳児の部屋のベッドに上向きで寝かせました。その約1時間後、幸誠君がうつぶせ寝のまま鼻血を出しているのに職員が気づき、病院に搬送されましたが、午後2時10分過ぎに死亡が確認され、死因は不明とされました。

## (2) 裁判の経過

### ①裁判提訴に踏み切って

　棚橋夫妻は幸誠君が亡くなった当時の状況を詳しく知りたいと園側に話を聞きに行きますが、園の職員の話は二転三転し、その後、事故当時保育にあたっていた職員をはじめ、園側は口を閉ざし、誠意ある答えは聞けない状態になりました。「こんな保育施設に預けなければ……」と恵美さんはひたすら自分を責めました。「せめて幸誠がなぜ亡くなったのかの真相を明らかにしたい」と裁判に訴えることを決意、2011年5月24日に刑事告訴、合わせて大阪地裁に提訴しました。

### ②支援する会の運動
● 支援する会の立ち上げから運動の展開

　棚橋夫妻が提訴に踏み切るにあたって、大阪保育運動連絡会、「赤ちゃんの急死を考える会」からの助言、援助をいただきました。そして、裁判提訴から5か月後の2011年10月19日「ラッコランド京橋園乳児死亡事故裁判を支援する会」（略称：支援する会）を結成しました。支援する会は①棚橋さんご夫婦を励まし、裁判を支援することと二度と同じ事件をくり返すこと

がないよう真実を知らせること、②児童福祉法24条に定められている自治体の責務にそって大阪市に認可保育所の整備で待機児童解消や施設設備・職員配置など認可外保育施設も含め指導・監督・改善・拡充を求めていくことを目的として運動を進めてきました。月1回の事務局会議を基本に裁判の状況を見守り、支援する会の構成員や多くの保育関係者に裁判の進捗状況や保育のあり方についての問題提起を発信してきました。

　支援する会を立ち上げたものの、赤ちゃんの死亡事故という重い内容に、事務局も何から手をつけていいかわからない状態でした。事務局会議のたびに、原告の恵美さんは当時まだ幼いお姉ちゃんの手を引き気丈に振舞いながら参加していました。しかし、幸誠君のことに触れるたびに涙があふれ、事務局のメンバーも胸を詰まらせながら会議をしました。そして、一刻も早く事件の真相を明らかにして、裁判に勝利することが幸誠君の死に報いることだと決意を固めました。恵美さんは、若くして子どもを産みましたが、事件に向き合う中で、母としてたくましく成長していきました。大阪府内の集会だけでなく全国各地へも出向いて訴えました。そして、訴えるたびに「あんな施設に預けなければ」と涙しました。

　夏の暑い日も冬の寒風の中でも、恵美さんと共に裁判所前でビラを配布しました。全国の保育集会ではたくさんの署名とともにカンパ袋に励ましのメッセージを書いてくれる人もいました。裁判費用を集めるために、いつもハンカチ等販売物資を持って移動しました。どこに行ってもあたたかい励ましをもらいました。と同時に、同じように子どもを保育施設で亡くされた方々にもたくさん出会い、「子どもの命が守れない保育施設って何」と言いようのない悔しさでいっぱいになりました。

● 真実から目をそむけた証人尋問(大阪地裁)

　この事故はたくさんの「もしも」がある事故です。「もしも、うつぶせに気づいた時、元に戻してくれていたら……」「もしも、異様な泣き声を聞いた時、病院に連れて行ってくれていたら……」「もしも、保育従事者が保育士資格のある職員だったら……」「もしも、午睡チェックの研修が園で行われていたら……」多くの「もしも」にこの裁判に携わる者が「保育のあり方」を問い、「子どもの命の重み」を思わずにはいられない事故でした。そして、「防げるはずの事故を二度と起こしてはならない」と胸に刻んだ裁判でした。

　民事裁判は2012年3月21日の第4回以降、裁判官、弁護士、原告の三者の非公開の手続きとなり、傍聴しながら見守っていくことができませんでしたが、担当弁護士より随時報告をいただきながら進めてきました。

　2013年11月6日の裁判で、ラッコランド京橋園の保育従事者2人および棚橋夫妻の証人尋問、2013年12月11日、大阪市職員の証人尋問が行われ、事故当時の様子が明らかになりました。

〈法廷に衝撃が広がったラッコランド京橋園保育従事者の証言〉

　保育従事者の証人尋問での要旨についてまとめると、以下のようになります。

[証言1] 0歳児の配置基準は事故の後知った。大変だが、やらなければいけないと思ってやってきた。誰か休んでも補充はなかった（当日も1名の保育士が急に休んだ）

[証言2] はじめ幸誠君が泣いていたので従事者の横（床）に寝かせていた。他の子（13人は走り回って遊んでいた）。大きな声で（事故直後は異常な泣き声と証言）泣き出したのでベッドに寝かせた。ベッドルームで幸誠君が泣いていたが調理しなければならないので、そのまま置いておいた。そのうち静かになった。

[証言3] 午睡チェックは10分おきにのぞき込んで顔を触ったりしていた。一人に2～3分かかる。うつぶせの時は仰向けにする。幸誠君が静かになった時うつぶせだったが、やっと寝たのでそのままにした。次に見に行ったら（10分後）鼻血を出して冷たくなっていた。

この証言からも明らかなことは、「0歳児のベッドルームは保育従事者が無人となる時間がかなりあった。その間、子どもたちはベッドに放置されていた」ということです。この裁判を傍聴した参加者からは、次のような感想が寄せられました。

感想1「保育所では子ども（特に0歳から2歳）の部屋が無人になることは絶対にありません。午睡チェックも10分ごとに目視だけでなく身体を触ったり、鼻や口に手をかざすなど、もれなくやっていたとの証言が信じられません。チェックできていない空白の時間があっても当然。午睡チェックをしている間、他の子は誰が見ていたのでしょうか」

感想2「入所している子どもの保育経験や同じ年齢でも、子どもは日々成長し変化するので、保育の手のかかり方が違うはずです。1・2歳児はベッドに寝てなくても排泄やトラブルなどいろんなところで手がかかります。ベッドで寝ていた0歳児は午睡チェック以外はずっと寝かされていたのでしょうか。調理をしていた職員は調理師免許はあったのでしょうか。離乳食・ミルク等はどうしてたか、

乳児に食べさせたり、幼児への食事指導などどのようにしていたのか。通常の保育所では信じられない光景でした。」
感想3「この体制で、子どもたちの安全は守れると思いましたか？」の問いに「やるしかなかった」という2人の保育士の言葉が怖かったです。

　ラッコランド京橋園の保育従事者の証言は「園側には全く過失がない」「睡眠チェックはベッドの中の赤ちゃんに一人ひとり触診し、10分ごとに行っていた」と主張した半面「一人が給食調理に入ると一人で来客対応、室内で遊ぶ子どもの見守り、午睡チェックを行った」と主張しました。傍聴席で聞いていた保育現場を知る者は証言の矛盾やうそに怒りでいっぱいになりました。そして、あまりにもずさんな保育実態を目の当たりにし、この事故は起こるべくして起こった事故であることを確信しました。「保育室という密室の中の真実」を声にできない子どもたちに代わって明らかにすることが、保育の質を高める運動につながると裁判勝利への決意を固めました。

〈責任逃れの大阪市側の証言〉
　大阪市の立入調査を行った職員の証言では「園長は指導監督基準を真摯に受け止めて求人募集中だった。事業を停止すると現在入所している子が混乱する。需要と供給がある。有資格者の不足が事故につながったとは言えない。」と、責任逃れに終始しました。有資格者不足は3年連続で指摘され、そのたびに「求人募集している」ことで「園の対応として真摯に受け止めて改善しようとしている」と大阪市は何ら対応することなく放置してきました。そして、裁判に提出された資料には、立入調査の備考欄（同席保育士の感想）として「子どもの衣服が汚れていたり、表情が乏しい。ベッドに寝かされたままの子もいて、保育士の関わりが少ないのではないかと気になりました。」と記載されていました。保育士の目線からみて、「保育士不足」は子どもの姿に反映されていたのです。しかし、備考欄の記載についても

大阪市は何ら対応策はとってきませんでした。

　証人尋問を終え、棚橋さんは「大阪市からの報告書はたった1枚だけ。息子の命はそんなに軽いのか。4年が過ぎて、それでも、まだ思い出して、夜中に夫婦で泣くこともある。認可外なら大阪市は関係ないのか。資格のある保育士に見てもらえる子どもと見てもらえない子どもがいる。なんで同じ大阪市の子どもに差があるのか。資格のある人が見ていたら、死ぬことはなかったのでは……認可保育所に入ってたら、今ごろお姉ちゃんと一緒に楽しく通ってたのでは……と裁判の証言を聞いて絶対許せないという思いが強くなりました。」と綴っています。

●真実から目をそむけた地裁判決は「SIDS」そして大阪高裁へ
　2011年12月検察庁に対して「不起訴にするな」の緊急要請を実施しましたが、翌2013年1月30日、検察庁は「不起訴」を決定、2013年9月13日検察審査会に申し立てを行いましたが、「不起訴」を覆すことはできませんでした。

　民事裁判では、大阪地裁に向けて裁判所前でビラ宣伝や公正な判決を求める要望書署名に取り組み、裁判所に提出してきました。傍聴呼びかけを行い、多くの市民がこの裁判を見守っていることを発信してきました。

　大阪地裁は2015年9月24日、証人尋問の内容や医師の意見書から、幸誠君の死因は「SIDS」との不当判決を言い渡しました。あまりにもひどい判決の内容を受け、これを許すわけにはいかないと棚橋夫妻は大阪高裁への控訴を決意しました。支援する会としても、徹底的に判決文を分析し、真実を明らかにするために支援者からの力を借りて証言を集めました。毎月発行している支援する会のニュースでは裁判の状況を克明に知らせ、大阪府内はもちろん、全国の保育集会だけでなく、多様な団体でも訴えをさせていただき、もちろん裁判費用捻出のためのカンパ活動も含めてですが、通称「ラッコランド事件」で話が通じるくらいの宣伝活動を行ってきまし

第1章　ラッコランド京橋園乳児死亡事故裁判

支援する会が発行したニュース

た。また、全国的にも赤ちゃんの死亡事故は後を絶たず、社会情勢として、SIDSへの注意喚起や保育士不足の問題が浮上してきました。

　支援する会はうつぶせ寝状態で亡くなった事故を「SIDS」とする裁判の判例や社会の風潮に警告を発信するとともに、保育条件の引き上げで赤ちゃんの事故が防げることをこの裁判を通じて広く啓蒙してきました。その運動の中で、大阪高裁で逆転判決を導き出すための大きな要因となった、ラッコランド京橋園の元職員で唯一の有資格者が名乗り出てくれる結果につながりました。

　また、幸誠君が無人のベッドルームでうつぶせ状態で放置された結果の事故であることをなんとしても立証しようと、幸誠君が寝かされていたベッドの血液上のシミがどのくらいの時間経過でできるのか、胃の中のミルクの消化にどのくらいの時間がかかるのかなど、具体的に実験したり、医師の意見を聞いたりとできる限りの準備をして大阪高裁に臨みました。無人のベッドの中で苦しみながら一人で亡くなった幸誠君の声を受け止め、真実を明らかにしたいという原告の執念のたたかいでした。

## (3) 裁判を通して得られた教訓

### ①事故当時のラッコランド京橋園の保育実態と保育園のあり方

ラッコランド京橋園は2002年6月に系列の「ラッコランド十三園」（大阪市淀川区）でも同様の死亡事故が発生しています。「ラッコランド十三園」はその直後閉園されましたが、2003年に「ラッコランド京橋園」が開園しています。大阪市は認可外保育施設への立入調査を毎年行っていますが、「ラッコランド京橋園」では少なくとも2007年から2009年の3年連続で保育士不足が指摘され、改善を指導していることが明らかになっています。

「ラッコランド京橋園」は有資格者不足だけでなく、保育内容についても、子どもの命を預かる保育園として、信じがたいずさんな保育が行われていました。裁判で明らかになったラッコランド京橋園の保育実態を要約すると以下のようになります。

①無資格の保育従事者での保育
②本来3人体制が急きょ保育士の休みが入ったため、欠員状態のまま保育をした（日常的に欠員状態、夜間は一人の時間帯もあった）
③0歳児のベッドルームは午睡チェック（園側は10分チェックをしていたと証言）をする時以外は無人だった
④0歳児のベッドルームは薄暗く、0歳児はベッドルームに寝かされている時間がほとんどであった
⑤うつぶせ寝の危険性について園の研修の不十分さ
⑥子どもの緊急の場合の対応（安全対策）の不十分さ

等、子どもの命を預かる保育園として、国の最低基準違反、および、安全対策等がとられておらず、保育の認識と知識の甘さが今回の事故につながったことは明らかです。裁判の傍聴に来られた一般市民の方は「保育園と名のつくところで、先生（保育士）の資格がない人がいるなんて思ってない。専門の勉強をした人が子どもを見てくれていると思っている」と発

言されました。「保育園」とは保護者の安心感・信頼感に応え、子どもの命を守る砦でなければならないのです。ラッコランド京橋園での死亡事故は保護者やまじめに保育に携わる者への信頼への裏切りでもありました。

　現に棚橋さんは、認可保育所にお姉ちゃんを預け、よろこんで通園し始めてからでも、「遠足で保育所から出る日は、お迎えに行って我が子の顔を見るまで仕事が手につかない。なにかあったらと考えて胸が押しつぶされそうになる」と言ったことがありました。恵美さんにとって、手放しで保育園への信頼を回復することはないのだろうかとこの事件での心の傷の深さに胸が痛みました。

### ②乳幼児を預かる保育士の専門性

　あふれる待機児童の対策として、国をはじめ自治体での規制緩和が進みました。大阪市でも同様に待機児童対策として、認可保育所へのつめ込みと基準の弾力化は強まりましたが、一向に待機児童は減少することなく、保育所に入所できない人たちはやむなく認可外保育施設への入所となっています。棚橋さんが幸誠君を保育所に入所させた2011年の大阪市の待機児童は4月205人、10月1060人、2016年4月の待機児童は273人ですが、待機児童数以外に保留児と呼ばれる子ども（申し込み数から新規利用児数を引いた人数）の数が2870人にものぼります。

　認可保育所に入所してくる子どもたちの中にも棚橋さんのように止むなく認可外保育施設に入所させていたという人たちも多くいます。大阪市の認可外保育施設は2016年4月で約140か所（大阪市ホームページ）にのぼります。認可外保育施設に対して、大阪市は毎年立入調査を行い、調査報告をホームページで発表しています。その内容を見ると、①避難に適した建築基準法に規定する特別非難階段がない、②有資格者が少ない、③保育従事者一人勤務の時間帯がある、④健康診断が入所時に実施されていない、⑤調理（調乳）に携わる職員の検便が実施されていない等、子どもの命を

預かる保育施設として不安がつのる保育実態が報告されています。認可保育所では「認可」が下りないような指摘があっても、認可外保育施設では保育が実施されています。「認可保育所」に通う子どもと「認可外保育施設」に通う子どもでこんなに条件が違ってもいいのでしょうか。ラッコランド京橋園においても、毎年有資格者不足が指摘されていました。しかし、大阪市は「求人募集を出している」「誠意をもって対処している」と何ら処置をとることなく放置してきました。

ラッコランド京橋園において、唯一の有資格者であった保育士は、大阪高裁での証人尋問で次のように述べています。

「私は、ラッコランド京橋園が初めての保育園でしたので、当時はこんなものかと思っていました。子ども一人ひとりを見るような状況になっていませんでした。『この時間までに○○をする』ということだけに追われていました。今になって思えば、あれは保育園ではありませんでした。」「ラッコランド京橋園では、夜勤の時、子どもの名前もわからずとても怖かったのを覚えています。当時は『仕事をこなしている周りに子どもがいる』という感じでした。」

元職員は、保育士として今からでも自分のできることはしたいと勇気を出して証言に立ってくださいました。

この証言でも明らかなように、「保育士」として専門的な勉強をしても、決して十分な保育ができるわけではありません。専門的な知識を基礎に保育現場での経験や研修を積み上げることで保育士の専門性は高まっていきます。保育所保育指針は解説書において、第2章5「職員の資質向上」の項では、

「1－(1) 保育所職員に求められる専門性と人間性

子どもの最善の利益を考慮し、人権に配慮した保育を行うためには、職員一人一人の倫理観、人間性並びに保育所職員としての職務及び責任の理解と自覚が基盤となること。」

とあり、解説の部分では、
「子どもの保育と保護者の援助を行っていくためには、すべての保育所職員に対してそれぞれにふさわしい専門性が必要です。同時に子どもの最善の利益を考慮して保育するためには、職員の人間観、子ども観などの総体的なものとして現れる人間性や、保育所職員として自らの職務を適切に遂行していく責任に対する自覚が必要です。その上で、子どもの人権を尊重することへの格段の配慮が求められます。」
として、職場内研修や職場外研修、自己研鑽により保育の専門性を高めることが重要としています。

「子どもの命を預かる施設」として、施設長の果たす役割、保育士や他の職員の専門性の向上等の日々の努力があってこそ、保育所が安心で信頼できる子どもや保護者の拠り所になるのです。

### ③乳幼児を預かる保育の質

大阪地裁の判決は幸誠君の死因はSIDSと認定し、保育実態に対しての原告側の主張はすべて退けられました。大阪地裁の証人尋問において、保育従事者は「10分ごとにベッドの中の赤ちゃんが息をしているか、触診しながら観察した」と証言しました。事故当時の保育従事者の仕事内容からしても「10分おきに触診しての午睡チェック」が不可能なことは、保育経験者にはすぐにわかりましたが、地裁では保育実態について言及されることはありませんでした。しかし、大阪高裁の証人尋問で唯一の有資格者の保育士から次の証言を得ることができました。「0歳児はミルクや離乳食を食べる時以外はベビーベッドから出さないように言われていました。起きてもベビーベッドに入れていました」「事故後、初めてSIDSというものを知り、園からはSIDSについて勉強するように言われ、一人ひとりレポートを出しました」。このように、乳幼児を預かる施設である保育園でうつぶせ寝の危険性や午睡チェックの必要性について、園での研修は徹底されていなかっ

たことが今回の死亡事故を引き起こしました。

　また、事件当日、男性の保育従事者一人は、10時30分頃から12時30分頃まで、調理室内で昼食作りとこれを乳幼児に順次食べさせる作業をしていました。その間、保育室ではもう一人の保育従事者が保育ルームでの保育、ベビールームのチェック、受付カウンターへの来訪者の応対、電話対応、掃除、布団を出すなど昼寝の準備、乳幼児の寝かしつけを行っていたと報告されていますが、子どもたちが日常の生活はどう過ごしていたのか疑問が残る職員の労働実態です。高裁判決は「事件当日の保育体制、特に経験の浅い無資格の保育従事者による保育が幸誠君の死因（SIDS）を覆す大きな決め手となっている。」とずさんな保育内容に踏み込んでいます。

　乳幼児期は子どもにとって重要な基礎を築く時期です。全国保育士会倫理要綱では「すべての子どもは、豊かな愛情の中で心身共に健やかに育てられ、自ら伸びていく無限の可能性を持っています。私たちは、子どもが現在（いま）を幸せに生活し、未来（あす）を生きる力を育てる保育の仕事に誇りと責任を持って、自らの人間性と専門性の向上に努め、一人一人の子どもを心から尊重し、次の事を行います。私たちは、子どもの育ちを支えます。私たちは、保護者の子育てを支えます。私たちは、子どもと子育てにやさしい社会をつくります。（以下省略）」とされています。

　乳幼児に関わる施設で働く保育士は一人の保育士としても、園の保育士集団としても一人ひとりの子どもが心身ともに健康に、安全で安定した生活ができる環境を用意し、生きるよろこびと力を育んでいけるための努力を日々重ねています。それが、保育士の専門性であり、国家資格の意義であると確信しています。多くの保育士の声を代弁するなら、乳幼児の命を守るプロとしての誇りにかけても、どんな過酷な労働実態の下でも、保育士は子どもの命を守り発達を保障するために頑張り続けていると言っても過言ではないと思っています。ラッコランド京橋園の保育実態は、保育に対しての信頼を大きく傷つけました。

④自治体の保育施設に対する管理責任

　大阪地裁で大阪市側は次のように主張しています。「平成21年度を例にとれば認可外保育施設中いわゆるベビーホテル（但し、入所児童が現実に存在していた施設）49施設中、指導監督基準・評価基準に適合せず、文書による改善指導を受けたベビーホテルは、26施設（仮に保育従事者数、有資格者数が不足するベビーホテルに限定しても14施設）あるところ、大阪市としてはこれら施設のすべてに対し、事業停止または施設閉鎖になれば、これら認可外施設に対する市民の切実な需要を阻害し、かえって、児童の福祉にとって好ましくない事態を招きかねないのである」「保育従事者数は確保できているものの有資格者数のみが不足するという事態が、直ちに、保育従事者の過誤を招き、本件児童を死に至らせる具体的な危険性を有していたとも、切迫していたともいえないことと照らすと、本件保育施設における有資格者数の不足をもって、『児童福祉に著しく有害である』とまでいえないのも明白である」

　大阪市の主張は、「認可外保育施設も市民の切実な需要があるので事業停止または施設閉鎖はできない」というものですが、保護者の多くは初めから認可外保育施設を選択して入所しているわけではありません。現に棚橋さんも認可保育所を探しましたが、入所する保育所がなかったため、ラッコランド京橋園を選択したのです。前述したように大阪市は待機児童の多い市であり、近年は保留児と言われる保育所に入所したいが、要件を満たさない子どもたちがたくさん存在しています。市民の「安心して預けられる保育所に入所させたい」というのが需要の本質であり、待機児童解消のために認可保育所を建設することが市の責任です。市民の切実な需要をすり替えて認可外保育施設の指導監督を怠った市の責任は大きいと言えます。

　大阪高裁の判決では、大阪市の責任は問えないと私たちの主張は退けられましたが、何年も有資格者不足を放置してきた大阪市の指導監督のあり方に対して、二度とこうした悲しい事故をくり返さないためにも引き続き追

及していきたいと思っています。

⑤支援する会のまとめ

　大阪高裁での勝利判決は多くの方々の支援の成果です。保育に携わる専門家や医療関係者、保護者や市民と、多くの知恵と工夫、努力の結晶でもあります。また、常に原告に寄りそい、思いを受け止めて主張していただいた弁護士の力によるものです。支援していただいたすべての皆様に心からお礼を申し上げます。

　裁判の勝利に至るまでに提訴してから4年の年月が過ぎました。大阪では同じ頃3件の赤ちゃんの死亡事故が相次ぎました。支援する会は当事者の保護者や保育関係者とともに「赤ちゃんの命を守る基準とは」と問題提起し、保育を問い直す運動を広げてきました。大阪では大阪保育運動連絡会を中心に多くの運動団体、市民団体と連帯してより良い保育を求めての保育運動を築いてきた歴史があります。支援する会の運動もこうした幅広い運動団体に支えられてきました。待機児童解消の名の下に進む規制緩和、最低基準の切り下げ、公立保育所の民営化など、子どもの命と豊かな発達保障を求めて築いてきた保育が切り捨てられていくことに誰もが危機感をもっていました。その上に、ラッコランド京橋園乳児死亡事故裁判を支援する会を立ち上げて以降に登場した大阪維新の会の府知事・大阪市長の下で、大阪の保育への攻撃は一層強まりました。しかし、長年積み上げてきた大阪の保育運動は厳しい攻撃にひるむことなく、立ち上がる府民・市民のねばり強い運動とともに住民共闘の運動が広がりました。憲法をも軽視して進められる府・市政に対して多くの団体が裁判に訴えてたたかうという異様な状況も続きました。こうした情勢の中で、絶対にあきらめない大阪の運動に支えられて、ラッコランド裁判も子どもの命を守る運動として広がり、逆転勝利という結果を生み出したと思っています。

　高裁で勝利判決が出た日、棚橋夫妻は「勝利判決をいただきましたが、

幸誠はかえってきません」と言葉を詰まらせました。子どもをこんな理不尽な形で亡くすことはあってはならないのです。まして、子どもの命を預かる保育園で子どもが亡くなることがあってはなりません。この裁判を闘いながら、全国で多くの赤ちゃんの死亡事故の報告を聞きました。保育園での虐待まがいの事故もありました。待機児童問題と合わせて保育士不足が社会問題として、指摘されるようになりました。しかし、国の施策はその場しのぎの貧困な内容です。子どもを大切にしない国の貧困な発想の中で、子どもの命を守り健やかな発達はあり得ません。子どもたちの命が輝く社会になるように、二度とこんな悲しい裁判をしなくてもいい国になるように、引き続き、子どもの命の重みを訴えていきたいと思います。

（大阪健康福祉短期大学・ラッコランド京橋園乳児死亡事故裁判を支援する会
永谷孝代）

COLUMN 1
# 支援の輪に支えられて

ラッコランド京橋園乳児死亡事故裁判を支援する会　山田倫子

　棚橋さんは、以前勤めていた保育所の保護者でした。幸ちゃんをなくして、当時2歳児だったお姉ちゃんが入所してきたころ、「朝、保育所に預けてから夕方顔を見るまで、とても不安でたまらない」と言っていた棚橋さん。「このような思いを他の誰にもさせたくない」と保育署名の集会で話をしてくれましたが、その後、裁判に踏み切った、と聞いた時には正直驚きました。事務局としてお手伝いさせてもらうようになりましたが、小さかったお姉ちゃんを育てながら、あちこちに訴えに出かけたり、裁判の準備をしたり、華奢な体のどこにそのようなパワーと強い意志を秘めているのだろうと頭の下がる思いでした。

　悲しみの中から、勇気をもって立ち上がった棚橋さんを物心ともに支え、ラッコランド裁判のことを、多くの人に知ってもらいたいと、オリジナルハンカチやおかき、いわさきちひろさんのカレンダーを販売しました。組合の仲間たちも会議、集会がある時は、みんなで手分けして持って行って支援を訴えながら、売ってくれました。訴えた相手の方も、子どもの命を守るべき保育園での死亡事故は絶対許せないと、購入するだけでなく、署名用紙と一緒にハンカチも3枚5枚と預かってくれ、支援の輪がどんどん広がっていきました。

　棚橋さんも様々な集会で支援を訴え、販売コーナーではお姉ちゃんも一生懸命お手伝い。かわいい看板娘の呼び声に足をとめてくれる人も多かったです。集会で棚橋さんの訴えを聞いて、ぜひ支援したいと、購入してくれる方もたくさんいました。

　そして最悪の一審判決から一転した高裁勝利判決。控訴の決意を固めた棚橋さんと棚橋さんを支え、逆転のために力をつくした多くの方たち……多くの方の支援で勝ち取った判決。棚橋さんご夫妻、

COLUMN

お姉ちゃん、本当にご苦労様でした。

この裁判に関わって、保育という仕事の責任の重大さを改めて心に刻みました。命を守り、育ちを保障する保育を真摯に求めて続けなくてはならないと思っています。

裁判が投じた一石により、また多くの方々の努力により、保育所での事故をなくすための国の動きや社会的な関心が高まってきています。

でも　まだ多くの子どもたちが「保育」とは呼べない劣悪な施設で保育を受けています。

そして「新制度」の下で、規制緩和や大規模化、認定こども園など、保育環境がより悪化する方向で進められています。すべての子どもたちが豊かな環境で保育を受けられ、豊かに育つことができる社会目指してこれからもともに進んでいきたいと思います。

# 2
# 保育事故裁判の課題と
# 控訴審判決の意義

## (1) はじめに――事件と裁判経過の概要

　ラッコランド京橋園事件は、2009年11月17日に、大阪市都島区にある認可外保育施設「ラッコランド京橋園」において、当時生後4か月だった棚橋幸誠君が、うつぶせ寝のまま放置され死亡した事件です。私は棚橋さん夫妻の代理人の1人として、この事件の裁判を担当しました（弁護団は、高見澤昭治弁護士、齋藤ともよ弁護士、私の3人で結成しました）。

　判決で認定された事実によれば、当日、この施設で預かっていた乳幼児は17人で、その内訳は、0歳児4人、1歳児5人、2歳児1人、3歳児2人、5歳児4人、学童1人でした。そして、当日保育にあたっていた職員は、保育士資格のない10代と20代の若い2人だけでした。ラッコランド京橋園は、毎年大阪市から有資格者数の不足等を指摘されていましたが根本的な改善を行わず、大阪市も毎年同じ指導をくり返しているだけでした。

　私たちは、幸誠君の死亡事故について、2011年5月24日に刑事告訴を行うとともに、大阪地裁に、保育施設、保育従事者、大阪市等を被告として民事訴訟を起こしましたが、刑事告訴については2012年1月30日に不起訴処分となり、2014年9月24日には大阪地裁は被告らの責任を全面的に否定する判決を言い渡しました。

　その後、大阪高裁における控訴審段階において、後に述べるようにラッコランドの元職員の方（事故当日には保育にあたっていなかった方）がラッ

コランド京橋園のひどい保育実態を証言し、2015年11月25日、大阪高裁は保育施設側の責任を認める判決を言い渡しました（原告被告ともに上告せず大阪高裁判決は確定）。

事故から大阪高裁判決まで約6年、提訴からでも約4年半という長い時間がかかりました（裁判の経過は49〜51ページの表1のとおりです）。

## (2) 大阪地裁での審理──裁判の立証構造と今回の争点

裁判が長期化した理由の一つに、民事訴訟の立証構造が関係しています。

今回の裁判のように不法行為責任や債務不履行責任を問う場合には、主に、①過失（注意義務違反）、②因果関係、③結果という要件が必要になりますが、これらの立証責任はすべて原告が負うことになります。通常の時間の流れでは、①②③の順番に進むのですが、裁判では、まず結果の内容（③）を確定し、そこから遡って、結果を避けるためにはどうするべきであったのか、つまり、どういう注意義務があってその義務違反があったのかという過失の有無（①）を検討することになります（図1参照）。

次に書くように、私たちは被告の様々な注意義務違反を主張しましたが、今回の事件では、幸誠君の解剖を行い最初に鑑定書を作成した大阪大学（当時）の的場梁次医師が幸誠君の死因を「不明」としたため、裁判所は、私たち原告側に死因を特定するように指示し、後述するように幸誠君の死因が今回の裁判の最大の争点となりました。

### ①私たちの主張した被告の注意義務違反

被告らには、注意義務違反と考えられることが数多くありました。私たちの主張したものは次のとおりです。

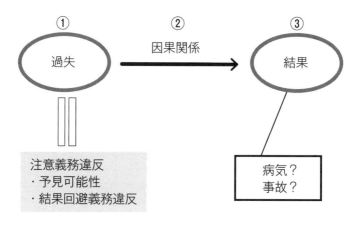

図1　裁判の立証構造

〈事故当日の保育従事者の注意義務違反について〉
・幸誠君をうつぶせ寝で放置したこと

　うつぶせ寝は乳幼児が窒息死する危険があるため、保育従事者は、就寝中の乳幼児がうつぶせ寝であることを放置しないよう監視し、うつぶせ寝状態を発見したときには仰向けに戻さなければならない注意義務を負っています。しかし、事故当日の保育従事者は、幸誠君がうつぶせ寝になっていたことに気づいたにもかかわらず、そのままの状態で放置していました。

・ベビールームに常駐してきめ細かい観察をしなかったこと

　保育従事者は、乳幼児の就寝時にもその異変を想定し、ベビールームに常駐して、環境や寝具にも注意し、乳幼児の顔が見える位置で呼吸や顔色、嘔吐の有無などの状態を観察しなければならないという注意義務を負っています。しかし、事故当日の保育従事者は、幸誠君の就寝中、ベビールームに常駐して幸誠君を観察するということを行いませんでした。

・幸誠君を不適切なマットレスに寝かせ放置したこと

　保育従事者は、乳幼児をベッドに寝かせる際には、窒息の危険を避ける

ため、ベビー用の固いマットレスに寝かせなければならないという注意義務を負っています。しかし、後でも触れる近藤稔和教授の意見書でも指摘されているとおり、幸誠君を寝かせる際に使用されたマットレスは、幸誠君の頭部・顔面部分に約2.5cmの凹みが生じており、ベビー用の使用寝具としては不適切でした。

・見通しの悪いベビーベッド上に寝かせたこと

保育従事者は、保育施設で預かっている乳幼児の生命・身体の安全を確保すべき義務を負うことから、乳幼児の安全を確保し、適切に様子を観察するため、乳幼児を寝かせる場合には、保育従事者から見通しの良い場所に寝かせなければいけません。しかし、ラッコランド京橋園のベビールームは、高さ112cmの白色アクリル板で保育ルームと隔てられており、南側の保育ルームからも、西側の調理室からも、ベビーベッドに寝かされた乳幼児を観察することはできませんでした。

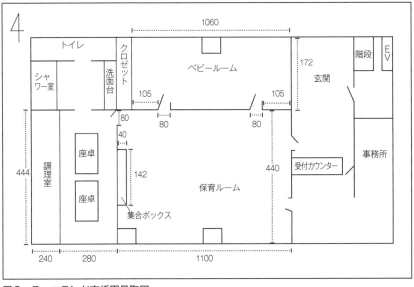

図2　ラッコランド京橋園見取図

以上のように、事故当日の保育従事者には、様々な注意義務違反がありました。この点について、佛教大学で保育士養成を担当し今回の裁判で意見書を提出した奥野隆一教授は、同意見書において今回の死亡事故の原因について次のように述べています。
　「厚生労働省は、『仰向け寝は、乳幼児突然死症候群のほか、窒息の予防にも効果』があるとしている。厚生労働省の通知と同じものを大阪市も策定し『指導監査』の基準として採用し監査指導を実施している。
　厚生労働省の通知は、①仰向け寝の確保、②睡眠中の児童の状態の観察である。
　ラッコランドでは、当日、職員は、保育ルームで子どもを見ており、子どもが睡眠中ベビールームには職員は1人もいなかった。職員は、タイマーのベルでベビールームに入って観察しチェック表に記録した。睡眠中の子どもの状態を常に観察できる保育体制となっていない。
　当日の職員の行動を見る限り『認可外保育施設に対する指導監督の実施について』で指示されている行動ではないことは明確である。通知による子どもの安全確認は、ベビールームに常に職員が在室して子どもの様子を観察し、うつぶせ寝になった場合は、仰向け寝にすることとしている。通知について正確に周知徹底されていないことが死亡事故の要因となった。」

### 〈保育施設の注意義務違反について〉

　今回の事故では、保育施設自体にもたくさんの注意義務違反がありました。私たちの主張した保育施設の注意義務違反は次のとおりです。
・うつぶせ寝の禁止を徹底しなかったこと
　乳幼児のうつぶせ寝は窒息の危険があるため、就寝中の乳幼児のうつぶせ寝は絶対に避けなければいけません。それにもかかわらず、ラッコランド京橋園は、従業員に対してうつぶせ寝の禁止を徹底していませんでした。
　なお、ラッコランド京橋園で用いられていた睡眠チェック表は、児童の

名前も児童の様子も記載する欄がありませんでした。このような睡眠チェック表では適切な睡眠チェックを行うことはできません。

- 児童17人に対して資格のない2人の保育従事者しか配置しなかったこと

事故当日の児童17人に対して無資格者2人という配置は、保育従事者数の点でも資格者要件の点でも認可外保育施設指導監督基準に違反していました。その結果、ラッコランド京橋園では、不十分な人員体勢の中で必要最低限の知識もない職員によって保育が行われ、死亡事故が発生しました。

その他にも、ベビールームに乳幼児を寝かせるときには保育従事者を同室に常駐させてきめ細かい観察をさせなければならないにもかかわらず、このような人員体勢をとらなかったこと、ベビールームに乳幼児を寝かせるときには保育従事者を同室に常駐させて安全を監視させなければならないという保育の基本を保育従事者に十分に指導教育しなかったこと、乳幼児をベッドに寝かせる際には、窒息の危険を避けるため、ベビー用の固いマットレスを使用しなければならないにもかかわらず、幸誠君に使用されていたマットレスは、ベビー用として必要な固さを備えておらず、そのような不適切な固さの寝具を使用したこと、保育従事者がどの部屋からでもベビールームで寝ている乳幼児を監視できるような最低限の安全配慮義務を尽くした施設にするべきであるにもかかわらず、見通しの悪い間仕切りを設置したことなどの注意義務違反がありました。

事故当日、保育に従事していた職員は、2人とも保育士資格がありませんでした。この点について、奥野隆一教授は、意見書の中で「ラッコランド京橋園の事故は無資格者が引き起こした事故ともいえる」と述べ、その理由として次のように述べられています。

「保育士資格者は、保育士養成課程で『事故及び安全対策』について系統的な教育を受け資格を取得する。」「保育士養成課程で必ず使用している

のが『保育所保育指針』である。保育所保育指針は、官報告示によりガイドラインではなく保育内容の国家基準となり保育所保育は保育所保育指針により行うこととされた。厚生労働省は『保育所保育指針解説書』を公刊し保育所保育指針の徹底を図っている。『解説書』には『乳幼児突然死症候群など』のリスク要因のひとつとして『うつぶせ寝』が指摘されている。うつぶせ寝については、『うつぶせ寝にして放置することは避けなくてはなりません。うつぶせ寝にする際には子どものそばを離れないようにし、離れる場合には、仰向けにするか、他の保育士が見守るようにします。特に入所初期の観察は十分に行います』と述べ、保育士が子どものそばにいることが不可欠であると強調している。認可外保育施設であっても保育所保育指針にもとづく保育が求められているはずである。保育士資格者は、保育所保育指針のこの記述を理解して保育をしている。」

〈大阪市の責任に関する私たちの主張〉

　大阪市は、毎年ラッコランド京橋園に対して立入調査を行い、①有資格者数の不足、②指導者の不在、③保育従事者数の不足、④ベビーベッドの危険性等を認識していました。大阪市は、毎年ラッコランド京橋園に対して有資格者数が不足していることを指摘していましたし、ラッコランド京橋園における保育のあり方に問題があることも認識していました。

　大阪市の作成したラッコランド京橋園の立入調査結果報告書には次のような記載があります。

　「一番気に掛かったのは子どもの姿であった。1人に声を掛けると、次々側に来て手を差し出したり人恋しい表情があり、その子たちの顔が朝にもかかわらず汚れている。1時間余りの間数人が泣き続けていた。」「赤ちゃん（0歳）はベッドの中でワーワー泣きながらそのままの格好で保育士が柵から手を伸ばしてミルクを飲ませていた」（平成20年立入調査結果報告書）

　「昨年同様子どもの姿が気になった。保育従事者の入れ替わりが頻繁とい

う事もあるのか、服が薄汚れていたり、表情が乏しかったり、3か月児がベッドに入れられ泣き続けていたりと子どもへの関わりが気になった。」「調査当日は子ども9人で保育従事者2人(施設長含めると3人)である。昼・夜の調理を兼任しているので、子どもと接する機会の少なさを感じた。保育に関する指導する立場の人がいないのが気にかかる。」(平成21年立入調査結果報告書)

　以上のように、大阪市はラッコランド京橋園の保育が非常に危険であることを認識していました。それにもかかわらず、大阪市は毎年毎年形式的な指導をくり返すだけで、ラッコランド京橋園から「有資格者については求人募集している」という回答があればそれで改善に向けた行動がなされているとして、指導に続く改善勧告や周知・公表、さらには事業停止命令・施設閉鎖命令といった措置を行いませんでした。仮に大阪市がこうした適切な措置をとっていれば、幸誠君の死亡事故は防ぐことができました。

### ②死因論争——SIDSか窒息か

　以上のように、ラッコランド京橋園の保育従事者にも、施設自体にも、また、大阪市にも注意義務違反と考えられる点は数多くありました。しかし、すでに書いたように、裁判ではまずは結果の内容すなわち死因を確定する必要があります。幸誠君の解剖を行い最初に鑑定書を作成した大阪大学(当時)の的場梁次医師が幸誠君の死因を「不明」としたため、裁判所は、私たち原告側に死因を特定するように指示し、幸誠君の死因が大きな争点となりました。

　私たちは、幸誠君の死因はうつぶせ寝による窒息であると主張し、それを裏付ける証拠として和歌山県立医科大学教授の近藤稔和医師(法医)の意見書を提出しました。

　一方、保育施設側は、幸誠君の死因はSIDS(乳幼児突然死症候群)であると主張し、元山形大学教授の鈴木庸夫医師(法医)の意見書を提出して

きました。保育施設側は、幸誠君はSIDSすなわち原因不明による突然死なので防ぎようがなかった、したがって保育施設にも保育従事者にも過失がないという主張をしてきました。そのため、幸誠君の死因について原告と被告が真っ向から争うことになりました。

　裁判所では両医師の証人尋問も実施され、概要次の通り証言されました。

〈近藤医師〉

　窒息の危険因子はこれまでの研究で明らかになっている。今回のケースでは、幸誠君は生後4か月であったこと、ベビーベッドのマットレスが幸誠君がうつぶせ状態であった時に約2.5cmも沈むものであり小児用の寝具として不適切であったこと、幸誠君が仰向けからうつぶせに体位を変換したことという窒息死の危険因子が存在している。さらに今回は顔が真下に向いた状態（フェイスダウン）であったことが強く疑われ、うつぶせ状態で発見されたという発見時の状況を総合的に検討すると、幸誠君の死因は急性窒息であり、その原因として鼻口閉塞がもっとも考えられる。また、仮にフェイスダウンの状態ではなく顔が横を向いていたとしても、沈み込んだマットレスの壁の部分により鼻口部の閉塞が生じるかまたは空間が狭くなることによって低酸素状態になるので、いずれにせよ死因は窒息である。

〈鈴木医師〉

　幸誠君には窒息の三主徴がみられるのみで、他に死因となるような疾病や損傷は認められない。幸誠君が鼻から血液混じりのピンク色の鼻水が出ている状態で発見されたとすれば、死亡当時、幸誠君の鼻や口は塞がれていたとは言えないことから、鼻口部閉塞による急性窒息は否定され、死因はSIDSと考えられる。

### ③被告の主張内容とその不合理さ

　以上の死因を考えるにあたっては、前提として、当時の保育状況すな

わち睡眠チェックの有無や発見時の状況などが問題になります。すでに書いたように、私たちは保育施設側の注意義務違反をたくさん主張しましたが、仮に当日の保育従事者が頻繁に睡眠チェックを行っており全く問題がなかったのに突然幸誠君が亡くなったというのであれば、幸誠君の死因はSIDSである可能性が高くなりますし、一方、保育従事者が幸誠君をうつぶせ寝のまま放置して見ていなかったというのであれば、SIDSの可能性は低くなり幸誠君の死因は窒息の可能性が高くなるからです。

この点、当日の保育従事者の主張は次のとおりでした。

本件事故当日は午前11時50分頃幸誠君をベビーベッドに寝かせ、幸誠君は途中からうつ伏せにはなったが顔は横を向いていた。10分ごとに触診による睡眠チェックをちゃんと行っていた。午後0時50分にチェックを行った時には異常はなかったが、午後0時55分には幸誠君は顔面蒼白で体温も下がっていた。

保育従事者の主張には不自然なところがたくさんありました。たとえば、乳幼児17人に対して無資格者2人で10分ごとの睡眠チェックが本当にちゃんとできるのか、わずか5分で体温が下がることが医学的にあり得るのか、幸誠君の体から出ていた血液状のものは防水シートの裏面まで染みこんでいたことから、血液が出てから発見されるまでかなり時間がたっていたのではないか。その他にも客観的な状況と整合しないところがたくさんありました。

しかし、どれだけ被告の主張が不合理であっても、「密室性の壁」によって、その主張が嘘であると完全に立証することは困難でした。

すなわち、すでに書いたように、裁判における立証責任は原告側にあります。保育事故は密室で起こり、部屋の中にいる大人は被告側の者（保育従事者）だけですので（保育従事者以外の者は施設に預けられている乳幼

児だけです)、被告の主張がいかに不合理であってもそれが嘘であると言ってくれる人がいないのです。

そして、大阪地裁判決は、保育従事者の主張を全面的に取り入れたものでした。

④大阪地裁判決（2014年9月14日）
2014年9月14日に言い渡された大阪地裁の判決は、事故当日は10分ごとに睡眠チェックが行われていたと認定して、幸誠君の死因をSIDSとし、保育施設、保育従事者、大阪市の責任を全面的に否定しました。この判決では、保育所側の責任について次のように述べられています。

「幸誠は、同日午後零時30分頃には、体はうつぶせで、右頬を下にして顔を左に向けた状態で寝ており、同日午後零時40分頃、50分頃の時点においても同じ体勢であったものである。」「したがって、幸誠はベビーベッドに敷かれていたマットレスによって鼻口部が閉塞される状態ではなかったものと認められ、ベビーベッド上で窒息死するような状況にはなかったと言わざるを得ない。」
「幸誠の死因はSIDSであり、どの時点で幸誠の死亡の結果につき予見し、いかなる結果回避措置をとれば幸誠の死亡の結果を回避することができたかを特定することはできないから、被告らに幸誠の死亡の結果を回避しなかったことにつき過失があったと認めることはできない。」

10分おきにちゃんと睡眠チェックを行っていたという保育従事者の主張を全面的に取り入れ、うつぶせ寝の状態でそのままにしていたとしてもSIDSで死亡したので無答責という非情な判決でした。

## (3) 大阪高裁での審理――新たな証人と覆された「密室性の壁」

　私たちは、2014年10月8日に大阪高裁に控訴しました。控訴審では、新たに、福永龍繁医師（法医）および春本常雄医師（小児科医）の協力を得ることができ、両医師の意見書を提出しました。意見書の内容は、法医の観点から見ても小児科医の観点から見ても、幸誠君の死因は窒息であるというものでした。これらの意見書によって、医学的には幸誠君の死因は窒息であるということが一層明らかになりました。

　そして、控訴審の段階では、事故当時ラッコランド京橋園の職員で唯一の保育士資格者であった清田沙織さんが協力者として名乗り出てくれたのです。清田さんの話を直接聞いたところ、当時のラッコランド京橋園の保育の実態は、被告らが主張していた内容とは異なるもので、私たちの想像以上にひどいものでした。

　清田さんから聞いた話は次のとおりでした。

- 職員の入れ替わりは激しく仕事の量も非常に多く、日中は2人体制が基本であった。職員はみんな辞めたいと言っていた。
- 子どもの名前もわからずとても怖かった。仕事をこなしている周りに子どもがいるという感じだった。
- 社長はほとんど園にこなかったので、最初は「集金のおばちゃん」だと思っていた。
- 入社時の保育についての説明はほとんどなかった。
- 職員ハンドブックやマニュアルもなかった。
- 睡眠チェックは、ベビールームの外から（保育ルーム）から覗いて見るだけであった。ベビールームは薄暗く、赤ちゃん一人ひとりのチェックはしていない。そこまでする事ができない状況だった。タイマーが鳴ったら止めてサインするだけの作業になっていた。

　そして、午前10時半以降は保育従事者2人のうちの1人（給食担当）が給食室に入って昼食の準備をし、その後、乳幼児にご飯を食べさせるため、

その時間帯は、実際は残りの保育従事者1人（保育担当）で保育ルームとベビールームを見なければならないということでした。

　さらに、事故当日10分ごとに睡眠チェックを行っていて、わずか5分で幸誠君に異変が生じたという保育従事者の証言が事実と異なることもわかりました。清田さんの話によれば、清田さんは、事故後、わずか5分で幸誠君が亡くなったと聞いてとても怖くなり、どうしたら良いのかと思って園長に相談をしたところ、園長は「あれ（保育従事者の発言）は事実と違う。」と言い、さらに、「保育従事者が、午前11時50分に幸誠君の泣き声を聞き、幸誠君を抱き上げたところ、その時には幸誠君はすでにぐったりしており、そのまま具合の悪い幸誠君をベビールームに連れていった。その後、保育従事者は、給食をつくったり食べさせたりで、約1時間ほどベビールームのチェックを行っていなかった。もう1人の保育従事者が休憩の前にタイマーをセットしに行って中をのぞいたところ、幸誠君が鼻血を出しているのを発見した。」と言ったということだったのです。

### ①大阪高裁での証人尋問

　大阪高裁では、清田さんが新たな証人として採用され、証言台に立つことになりました。控訴審はすでに提出された証拠に基づいて判断を行うことが多いため、控訴審で新たな証人が採用されることは珍しいことです。その点では、大阪高裁の裁判官は、地裁の判決に疑問をもっていたのかもしれません。

　清田さんの証人尋問のために与えられた尋問時間はわずか20分でした。私たちは、20分という限られた時間内で大阪高裁の裁判官に、ラッコランド京橋園の保育実態、実際には睡眠チェックが行われていなかったことをいかに伝えるか考え、支援の方々と一緒に尋問までに何度も打合せを重ねました。そして、打合せの中で、実際には睡眠チェックができなかったことを確認するために、幸誠君がベビーベッドに置かれていた午前11時50分

から午後0時55分までの保育所内の様子を改めて聞いたところ次の事実が明らかになりました。

　まず、すでに書いたとおり、日中は2人体制が基本であり、午前10時半以降は、給食担当と保育担当に分かれ、給食担当は昼食の準備をするため、保育担当は1人で保育ルームとベビールームを見ないといけない。したがって、事故当日は、午前10時半頃以降は、保育従事者1人で17人の乳幼児を見ていたことになる。そして、午前11時半頃から給食担当は乳幼児に食事を与える。午前11時50分頃に乳児の食事が終わったら、次は乳児以外の子どもの食事が始まる。その時間帯には、保育担当は1人で部屋の掃除をし、玄関対応や電話対応もする。そして、保育担当は、食事中の子どもたちが騒いだら給食室の方を見に行き、赤ちゃんが泣いていればベビールームの方も気にかけないといけない。保育担当は、午後0時10分前後に部屋の掃除が終わるので、掃除が終わったら、今度は保育ルームに子どもたちの布団を敷き、午後0時半前後から子どもを寝かしつける。初めは保育担当1人で寝かしつけを行い、午後1時前頃からようやく給食担当と2人体制で寝かしつけができる。寝かしつけはなかなかスムーズにいかず、1、2歳児が泣いていれば抱っこしなければいけない。一日の中でもこの時間帯は特に忙しい。したがって、10分ごとにベビールームで寝ている赤ちゃん一人ひとりの睡眠チェックをすることは不可能である。

　2015年5月20日に行われた証人尋問では、清田さんには、以上の事実をていねいに語ってもらいました。尋問では、裁判官からも質問があり、裁判官もラッコランド京橋園の保育実態について強い関心をもっていることがわかりました。

②大阪高裁判決（2015年11月25日）

　上記の証人尋問の後、大阪高裁から和解勧告がありましたが、保育施設側はこれを拒否しました。そして、2015年11月25日に言い渡された大阪高裁判決では、大阪地裁判決が変更され、保育施設側の責任が全面的に認められました。

　大阪高裁判決では、まず、幸誠君の死因は「鼻口閉塞による窒息死である」と認定されました。その理由としては、

- 呼吸確認等のチェックはなされていなかったこと
- 体位がうつぶせであること
- ベビーベッドのマットレスが約2.5cmの凹みが生じるものであったこと
- 幸誠君の血液混じりの分泌物が防水シートを突き抜けて三層目のマットレスの表面まで染みこんでいたので幸誠君はフェイスダウンの状態であったと推認できること

などが挙げられ、私たちの主張が取り入れられました。

　そして、大阪高裁判決では、「幸誠は、本件事故当時、生後4か月であり、月齢6か月以下であり未熟であったから、うつぶせ寝の体位により鼻口部が閉塞されて低酸素状態になるまでの間に、顔面を横にするなどの危険回避行動を取ることができるほどの学習能力がなかった。」とも判示されました。

　その上で、大阪高裁判決は、保育従事者が幸誠君をうつぶせ寝のまま放置したこと等について注意義務違反を認めました。

　この判決では、保育施設側の責任については次のように述べられています。

〈保育従事者について〉

「乳幼児は、うつぶせ寝の体位により窒息死する危険があるから、保育従事者は、就寝中の乳幼児をうつぶせ寝の体位のまま放置することなく、常に監視し、うつぶせ寝の体位であることを発見したときは、仰向けに戻さなければならない注意義務があるのに、幸誠をうつぶせ寝の体位のまま放

置し、鼻口閉塞により窒息死させた」

〈経営者および園長について〉

「本件保育施設において、乳幼児の睡眠確認を十分行うために必要な人員体制及び物的設備を備える注意義務があり、本件施設の保育従事者に対して、うつぶせ寝の禁止を徹底する注意義務があるのに、上記各注意義務違反により、幸誠を窒息死させた」

一方、大阪市については、改善指導事項について大阪市ホームページで公表するなどの措置をとっていたことから、それをこえて改善勧告等を行わなかったことについて違法とまでは言えないと判断され、私たちの請求は棄却されました。

### ③大阪高裁判決の意義

大阪高裁判決は、私たち原告にとっては逆転勝訴判決となりました。この大阪高裁判決の意義は、「密室性の壁」を乗り越えた点にあると思います。

すでに書いたように、裁判における立証責任は原告側にありますが、保育事故は密室で起こり、部屋の中にいる大人は被告側の者（保育従事者）だけであるため、被告の主張がいかに不合理であってもそれが嘘であると言ってくれる人がいません。控訴審で証人になってくれた清田さんも、事故当日は保育にあたっていませんでしたので、厳密に言えば、幸誠君の事故発生日に実際の現場を見ていたわけではありません。しかし、大阪高裁は、清田さんの証言

大阪高裁判決後の報告集会

が真実であることを他の客観証拠とつき合わせながら正確に検討し、また、被告らの証言の不合理な点をていねいに分析し、本件事故当時、幸誠君の睡眠チェックが行われていなかったことを認定しました。

　こうした情況証拠をていねいに検討して事実認定を行った点に、大阪高裁判決の大きな意義があると思います。

## (4) さいごに

　他の保育事故裁判と同様、ラッコランド京橋園事件の裁判も非常に難しい裁判になりました。今回は控訴審の段階で元職員の清田さんが協力してくれましたが、その協力がなければ控訴審での逆転は難しかったでしょう。したがって、今回のような保育事故を防ぐためには、行政による指導、監督がとても重要です。

　ラッコランド京橋園に対し、毎年毎年同じ指導をくり返し、それ以上の措置をとらなかった大阪市の責任が否定されたのは残念です。行政に対しては、裁判で責任が否定されたからそれでよいというのではなく、今回の事故を教訓に保育行政において今後適切な対応をとっていくよう強く要望します。そうでないとまた同じような事故がくり返されてしまうからです。

（弁護士　繁松祐行）

### 表1　ラッコランド京橋園事件　裁判の経過

| 日付 | 手続<br>（「刑」は刑事手続、<br>「民」は民事手続） | 内容 |
|---|---|---|
| 2011.5.24 | 刑：刑事告訴 | |
| | 民：訴訟提起 | |
| 2011.8.24 | 民：第1回裁判期日 | 訴状等確認<br>保育施設、大阪市：答弁書提出 |
| 2011.10.19 | 民：第2回裁判期日 | 大阪市：準備書面1（大阪市が保育施設に対して改善勧告・改善指導・停止命令等を行わなかったことは違法でないと主張。） |
| 2011.12.21 | 民：第3回裁判期日 | 原告：準備書面1（保育施設、大阪市の責任について詳しく述べる。）<br>裁判所から原告へ：幸誠君の死因について医学的に明らかにするよう指示。 |
| 2012.1.30 | 刑：不起訴処分 | |
| 2012.3.21 | 民：第4回裁判期日 | 原告：準備書面2（ラッコランドに対する請求を維持） |
| 2012.4.25 | 民：第5回裁判期日（弁論準備により非公開） | 原告：準備書面3（司法解剖の結果について説明） |
| 2012.5.28 | 民：第6回裁判期日（弁論準備により非公開） | 保育施設：準備書面1（ラッコランドの営業はエンジェル・ハートに譲渡済みであるため、ラッコランドは法的責任を負わない。） |
| 2012.7.9 | 民：第7回裁判期日（弁論準備により非公開） | 近日中に司法解剖の写真について開示される予定であることを確認。 |
| 2012.9.5 | 民：第8回裁判期日（弁論準備により非公開） | 原告：裁判所に、幸誠君の死因について近藤医師に鑑定を依頼していることを告げる。 |
| 2012.11.28 | 民：第9回裁判期日（弁論準備により非公開） | 原告：準備書面4（近藤医師の鑑定の結果、幸誠君の死因は窒息と判明したことを主張。） |
| 2013.3.14 | 民：第10回裁判期日（弁論準備により非公開） | 原告：準備書面5（被告らの過失（注意義務違反）の内容を整理。幸誠君をうつぶせ寝で放置したことや幸誠君を見通しの悪いベビーベッドに寝かせたことなどに過失がある。） |
| 2013.5.30 | 民：第11回裁判期日（弁論準備により非公開） | 保育施設：準備書面2（幸誠君の死因は病気であり、保育施設に過失なし） |

| | | |
|---|---|---|
| 2013.7.17 | 民：第12回裁判期日（弁論準備により非公開） | 原告：幸誠君の死因が病気であると主張する保育施設の見解に対し、近藤医師の反論書を提出。 |
| 2013.9.13 | 刑：検察審査会申立 | |
| 2013.9.13 | 民：第13回裁判期日（弁論準備により非公開） | 証人として尋問を行う者、証人尋問の日程等について検討。 |
| 2013.10.16 | 民：第14回裁判期日（弁論準備により非公開） | 証人及び尋問時間等について決定予定。 |
| 2013.11.6 | 民：第15回裁判期日（証人尋問。公開） | 保育従事者2名及び棚橋夫妻の尋問を実施。 |
| 2013.12.11 | 民：第16回裁判期日（証人尋問。公開） | 大阪市職員の尋問を実施。 |
| 2014.2.12 | 民：第17回裁判期日（証人尋問。公開） | 近藤医師の尋問を実施。 |
| 2014.2.14 | 民：第18回裁判期日（証人尋問。於：山形地裁） | 鈴木医師の尋問を実施。 |
| 2014.4.3 | 民：第19回裁判期日（証人尋問。公開） | 保育施設経営者及び園長の尋問を実施。 |
| 2014.4.9 | 刑：検察審査会、不起訴相当の議決 | |
| 2014.5.15 | 民：第20回裁判期日（公開） | 原告：準備書面7（被告らの過失の主張の整理）及び奥野教授の意見書、他の保育施設の報告書などを提出。 |
| 2014.6.19 | 民：第21回裁判期日（公開） | 棚橋恵美さん意見陳述、最終準備書面を提出。 |
| 2014.9.24 | 民：判決 | 死因をSIDSとし、保育施設及び大阪市の責任を否定する判決。 |
| 2014.10.8 | 民：控訴 | 大阪高等裁判所宛に控訴状を提出。 |
| 2015.1.23 | 民：控訴審第1回裁判期日（公開） | 控訴人：控訴状、控訴理由書、準備書面1、証人申請、及び、ラッコランド元職員の陳述書、春本医師（小児科医）の意見書等を提出。<br>保育施設、大阪市：答弁書を提出。 |
| 2015.3.11 | 民：控訴審第2回裁判期日（公開） | 大阪市：準備書面2を提出。<br>保育施設：準備書面を提出。<br>控訴人：準備書面2を提出。<br>裁判所がラッコランド元職員の証人尋問を決定。 |

| 2015.5.20 | 民：控訴審第3回裁判期日（証人尋問。公開） | 控訴人：準備書面3、福永医師（法医）の意見書等を提出。<br>ラッコランド元職員の証人尋問を実施。 |
| --- | --- | --- |
| 2015.8.21 | 民：控訴審第4回裁判期日（公開） | 控訴人：準備書面4（最終準備書面）を提出。<br>保育施設：準備書面2（最終準備書面）を提出。<br>大阪市：準備書面3（最終準備書面）を提出。<br>裁判所より和解勧試。 |
| 2015.9.3 | 民：控訴審第5回裁判期日（和解期日。非公開） | 和解に関する話し合い。 |
| 2015.9.28 | 民：控訴審第6回裁判期日（和解期日。非公開） | 保育施設側が和解に応じず和解打ち切り。 |
| 2015.11.25 | 民：控訴審判決 | 死因を窒息とし、保育施設側の責任を全面的に認める判決。大阪市に対する請求は棄却。 |

COLUMN 2
# 証人となった思い

清田沙織

　私がラッコランド京橋園乳児死亡事故のことを4年半ぶりに考えるきっかけになったのは息子の初めての参観の日のことでした。ずっと気になっていましたが何もすることなく気づけば4年半がたっていました。

　それからさらに時間がたち、息子の通う保育園の園長先生から裁判を手伝ってほしいと声をかけられました。私はすぐにできることがあれば何でもしたいと思いました。そのころ私は認可外保育施設の園長をしていたので保育者として、そして1人の母親としてごく自然に協力したいと強く思いました。

　私が裁判を手伝おうと思ったのにはもう一つ理由があります。それは大阪市そして国のやり方に思うところがあったからです。

　認可外保育施設というのはその言葉からして誤解をされやすいですが、認可外の中にもきちんと決まりがあり、大阪市の立入調査も毎年あります。もちろんその決まりにならって運営するのですが、国や市からの助成金などは一切ありません。保護者からの保育料で園の家賃、保育士の給料そして子どもたちの保育の環境を整えるすべてのものをまかなわなければなりません。保育士の人数は0歳児には子ども3人に1人の保育士、1・2歳児には6人に1人の保育士と決められています。きちんとした園を目指せば目指すほど運営は苦しくなります。保護者も保育士も負担が大きくなりすぎるのです。私は国や市が一刻も早く今の体制を変えるべきだと考えます。

　待機児童を減らすために様々な対策がとられています。新しく作るばかりではなく、今ある園を上手く活用する方法を考えるべきです。認可外保育施設は保護者の様々なニーズに応えやすい園が多くあります。

　死亡事故当時、ラッコランドには保育士資格をもった人間が1人しかいませんでした。これは園側が資格者をわざと雇わなかったのではなく、求人をかけても応募がないのです。厳しい運営状況では

給料も仕事に見合うだけ支払うことができないのです。私が園長をしていた園でも保育士の確保はとても難しい課題でした。私はラッコランドでのつらい経験があったので有資格者を採用していましたが、求人をかけても本当に応募がありませんでした。国からの助成金があれば働く環境をもっと整え応募者を増やすことができたと思います。

　裁判でも述べましたが当時を振り返ると、毎日本当に忙しく仕事に追われ"保育"をまともにすることができていない有様でした。現在保育現場を離れて思うのは、当たり前ですが命の大切さです。仕事は数をこなせば必ずできるようになります。例えばオムツ交換や食事の補助、書類等の書き方は数をこなせばこなすほど上手くなります。

　ぱっと保育現場に入るとそういったことができることが大事で、指導する側もされる側も力を入れることだと思います。でも本当に大切なことはもっとほかにあると思います。

　本当に幼く弱い命を預かることの大変さ、そしてちょっとした気の緩みや怠慢で簡単に失われる命があること。命にかかわる事故や命にかかわる病気はめったに起こることではありませんが、決して起こしてはならないことです。そのことをもっと時間を割いて指導してほしいと思います。それと同時に現在の保育現場ではそれが難しいこともよくわかります。今の保育の流れを見ていると、待機児童対策でとにかく数を増やそうとしている気がしてなりません。保育は質より量になっては絶対にいけません。待機児童を減らすのはもちろん大切なことですが、保育現場の現状をしっかり見つめなおし改善していくことが何より優先されるべきです。

　私ははじめに私にできることがあれば何でもしたいと思っていました。しかし、話が進むにつれて葛藤がありました。それは、ラッコランドでお世話になった私の上司の存在です。ラッコランドでも大変お世話になり次の園を一緒に立ち上げた1人でした。すごく悩みました。しかし、たった4か月で亡くなった幸誠くんとご両親の気持ちを思うと協力したいと思ったのです。

　今回このお話をいただいた時も裁判のときも協力したいと思ったのは、こんな痛ましい死亡事故は二度と起きてほしくないからです。私にはたいしたことは何もできませんが、これからの保育を変えていく小さな1歩になればと思います。

COLUMN 3
# ラッコランド裁判を取材して

毎日放送報道局　大西亜雅紗

　幸誠ちゃんの一審判決が出たのは、ちょうど私が長年携わってきた夕方のニュース番組を離れ、お昼の情報番組を担当することになった直後のことでした。番組の名前は、「ちちんぷいぷい」。少々ふざけた名前ですが、4時間という長い放送枠の強みを生かし、普通のニュース番組では大きく扱わないようなネタをどんどん掘り下げることを得意としています。

　判決の1週間前。着任早々の会議で、私はラッコランド裁判を提案しました。「民事で原告が敗訴した場合、扱いが小さくなってしまうことは百も承知ですが…」と弱気な発言をした私に、長年ちちんぷいぷいを作ってきたディレクター陣からは質問の嵐。「なぜ勝てない？」「もし子どもさんが病気だったとしても、ちゃんと見ていなかった保育士に責任はない？」私は、事故の立証責任は、その場にいなかった原告が負うこと、認可外保育施設で勤務する人は保育士資格のない人も多く、今回のケースでは2人とも保育士ではなかったことなどを説明。すると、その場にいた全員が、憤懣やるかたないといった表情で、勝っても負けても放送するべきだ、と私の初企画を応援してくれました。

　放送後、番組宛にメールが届きました。ずいぶん前に、保育所でお孫さんを亡くされたという男性からです。いまだに保育所での事故が後を絶たないことを悲嘆し、自分は泣き寝入りするしかなかったが、棚橋さんには控訴審でがんばってほしいと綴られていました。しばらくして、棚橋さんが控訴を決断したと、支援者の方からうかがいました。

　控訴審判決の日。

　判決文の読み上げを聞いて、全身が震え出す感覚を覚えたのは初めてのことでした。

　あまりにもあっけなく、冷たく言い放たれた一審判決とは打って変わって、高裁の裁判長の言葉には温度があり、また司法の気概が感じられました。

　そうした、一種の興奮状態からしばら

COLUMN

く月日が流れたころ、このコラム執筆のご依頼をいただきました。改めて裁判を振り返ってみると、実は闘いはまだ終わっていなかったのだということに気づかされます。問題は二つです。

まず一つは、もし新たな証人が名乗り出てくれなかったら、裁判はどうなっていたのだろうか、ということです。判決からも明らかなように、高裁は、新たな証言を全面的に信用して判決を出しました。もしもその証言が得られていなかったら……。そう考えると、密室性の高い保育事故の恐ろしさと、原告側に立証責任を負わせる司法の限界を感じざるを得ません。加えて裁判では、本当は幸ちゃんに何をしたのか、新しい証言をふまえて経営者や職員はいま、事件をどう思っているのかについて、ついぞ被告の口から語られることはありませんでした。大切なわが子に何があったのか知りたい、その一心で、裁判という手段を選んだ遺族に対して、法廷は答えを出してはくれなかったのです。

そして二つ目は、本当に大阪市には何の責任もないのだろうか、ということ。高裁判決から5か月後、大阪市内の認可外保育施設で、1歳の男の子がうつぶせの状態で亡くなりました。ラッコランドの裁判で、ほんの少しでも大阪市の監督責任が認められていたなら、いまの大阪市の保育行政はもう少しマシになっていたかもしれません。そして、新たな事故が起きたことに対して、私たちマスコミも、もっと激烈な追及ができたでしょう。

しかし考えてみれば、たとえ民事裁判で「責任なし」とされたとしても、行政が何もしなくてよいというわけでは決してありません。またマスコミ側も、「まあ、大阪市の責任までは難しいよね」という、特に理由のない前例や思い込みにとらわれてはいけないのです。市の立入検査が強化されて閉鎖に追い込まれる施設が増えても、それは当然だと考えられる社会。そして、適切な施設が十分に備えられている社会。それを目指して映像を紡ぎ続けることが、ディレクターであると同時に、市民であり、母親でもある私の責任だと感じています。

2016年4月。幸ちゃんは、小学校1年生になるはずでした。

何色のランドセルを選んでいたでしょう。

お友達と、どんなことをして遊んでいたでしょう。

私はもう、保育事故の取材はしたくありません。

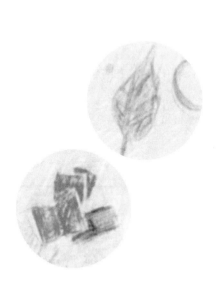

## 第2章 保育事故をくり返さないために
――いま何が必要なのか

# 1 なぜ保育事故はくり返されるのか

## (1) 子どもの命すら守れない日本の保育施設

　1989年に国連総会で採択され、日本も1994年に批准している『子どもの権利条約』では、「締結国は、子どもの生存および発達を可能なかぎり最大限に確保する」（第6条2項）と定められています。そして、「子どもにかかわるすべての活動において、その活動が公的もしくは私的な社会福祉機関、裁判所、行政機関または立法機関によってなされたかどうかにかかわらず、子どもの最善の利益が第一次的に考慮される」（第3条1項）ことが求められます。

　保育とは、「子どもの命と健康を守ること」（養護）と「子どもの発達を保障すること」（教育）を一体的に行うことです。それはまさに『子どもの権利条約』の理念を具現化する営みといえます。そして、その舞台である保育施設には、「子どもの最善の利益」を最優先に考え、子どもの「生存権」と「発達権」とが最大限に保障される場であることが求められているのです。

　しかし、今の日本の保育施設では、「子どもの最善の利益」が考慮されるどころか、子どもたちの命すら守られない事態になっています。

　本来、子どもたちの命と健康を守り、子どもたちの健やかな育ちを保障すべき保育の現場で一体何が起きているのでしょうか。

## (2) 認可外保育施設で多発する死亡事故

　厚生労働省（2015年分は内閣府）が公表している「保育事故報告集計」によると、2004年から2015年の12年間に保育施設等で発生した死亡事故は174件（亡くなった子どもは177人）にものぼります（図3参照）。そして、その約7割にあたる120件（123人）の死亡事故が、ベビーホテルなどの認可外保育施設で起こっているのです。

　事故件数だけを見ると、認可保育所と認可外保育施設の間に大差はないように思われるかもしれません。しかし、認可保育所と認可外保育施設では、施設の数や在籍している子どもの数が大きく異なります。そこで、過去12年間（2004年～2015年）について、子ども一人あたりの死亡事故発生率を認可保育所と認可外保育施設で比較したところ、認可外保育施設の方が死亡事故の発生率が約26倍も高いことがわかりました（表2参照）。

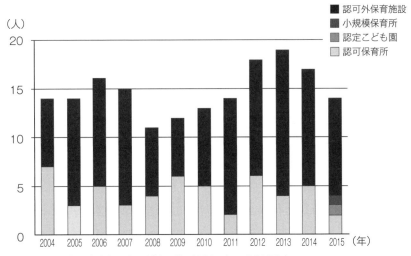

図3　保育施設等で亡くなった子どもの数（2004年～2015年）

（註）厚生労働省『保育施設における事故報告集計』（2015年2月3日発表）、内閣府子ども・子育て本部『「教育・保育施設等における事故報告集計」の公表及び事故防止対策について』（2016年4月18日発表）より筆者（平沼）が作成した。

表2　保育施設等における死亡事故発生率の比較

| 年 | 認可保育所 | | 認可外保育施設 | | 死亡事故発生率の比較（認可外保育施設／認可保育所） |
|---|---|---|---|---|---|
| | 死亡した児童の数 | 入所児童数※ | 死亡した児童の数 | 利用児童数※※ | |
| 2004 | 7 | 1,966,958 | 7 | 176,909 | 11.1 |
| 2005 | 3 | 1,993,796 | 11 | 178,852 | 40.9 |
| 2006 | 5 | 2,004,238 | 11 | 179,748 | 24.5 |
| 2007 | 3 | 2,015,337 | 12 | 178,669 | 45.1 |
| 2008 | 4 | 2,022,227 | 7 | 177,231 | 20.0 |
| 2009 | 6 | 2,040,934 | 6 | 176,421 | 11.6 |
| 2010 | 5 | 2,080,072 | 8 | 179,676 | 18.5 |
| 2011 | 2 | 2,122,951 | 12 | 186,107 | 68.4 |
| 2012 | 6 | 2,176,802 | 12 | 184,959 | 23.5 |
| 2013 | 4 | 2,219,581 | 15 | 200,721 | 41.5 |
| 2014 | 5 | 2,266,813 | 12 | 203,197 | 26.8 |
| 2015 | 2 | 2,159,357 | 10 | 201,530 | 53.6 |
| 合計 | 52 | 25,069,066 | 123 | 2,224,020 | 26.7 |

(註) 厚生労働省『保育施設における事故報告集計』（2015年2月3日発表）、内閣府子ども・子育て本部『「教育・保育施設等における事故報告集計」の公表及び事故防止対策について』（2016年4月18日発表）および厚生労働省『平成26年度 認可外保育施設の現況取りまとめ』（2016年2月19日発表）等に基づき筆者（平沼）が作成した。なお、2015年に幼保連携型認定こども園と小規模保育事業で起こった事故（各1件）は含まれていない。
※認可保育所の入所児童数は各年4月1日時点のもの。
※※認可外保育施設の利用児童数は各年3月31日時点のもの。

　しかも、集計されている件数は、あくまで施設から報告があった死亡事故に限られています。2015年度からは「新制度」に基づく認可の施設・事業（認可保育所・認定こども園・幼稚園・小規模保育事業）については、「死亡事故や治療に要する期間が30日以上の負傷や疾病を伴う重篤な事故等」に事実上の報告義務が課されました。しかし、死亡事故が多発している認

可外保育施設には、従前どおり報告義務は課されていません。つまり、報告されていない死亡事故、事件性がないとして「病死」と判断されたケース、自治体が把握できていない施設・事業での死亡事故などを含めると、さらに多くの子どもたちが保育中の事故で亡くなっている可能性があるのです。

## (3) なぜ認可外保育施設では死亡事故が多いのか？

　では、なぜ認可外保育施設では死亡事故が多いのでしょうか？
　2016年4月18日に内閣府が公表した『教育・保育施設等における事故報告集計』によると、2015年1月～12月の1年間に起こった保育事故は399件で、そのうち14件が死亡事故でした。そして、死亡事故の約7割にあたる10件が認可外保育施設で起こっています。亡くなった子どもの年齢では、0歳児7人、1歳児5人、2歳児1人、3歳児1人と「乳児」に集中していることがわかります。死亡事故14件のうち睡眠中に起こった事故が10件と最も多く、そのうちの6人が「うつぶせ寝」の状態で発見されています（すべて認可外保育施設での事故）。
　認可外保育施設で死亡事故が起こりやすくなっている大きな原因は、保育を行う「環境」や「条件」が悪いことです。
　認可保育所は、認可の前提として、都道府県（または政令指定都市および中核市）が条例で定めた「児童福祉施設の設備及び運営に関する基準」を満たしている必要があります。この基準は、いわゆる「保育所の最低基準」と呼ばれるもので、以前は厚生労働省令で定められた全国一律の基準でしたが、2012年度から地方条例化されました。その名の通り、認可保育所が満たすべき「最低限」の基準ではありますが、「保育の質」を守る歯止めとなっています。
　一方、認可外保育施設には、都道府県知事（または政令指定都市および中核市の市長）が指導監督を行うための基準（「認可外保育施設指導監督基

準」)は設けられているものの、認可保育所の基準よりも低く設定されています。例えば、認可保育所では基準で定められている保育従事者全員に保育士資格が必要ですが、大阪市の「認可外保育施設指導監督基準」では、「保育に従事する者の概ね3分の1以上は、保育士又は看護師の資格を有する者であること」とされています。しかも、その基準すら守られていないのが実情なのです。

　認可外保育施設のうち都道府県知事などに設置届出が義務づけられている施設については、年1回以上、立入調査を行うことが原則となっています。しかし、2015年度の実施率をみると、ベビーホテルで71%、それ以外の認可外保育施設で73%しか実施されていません。また、表3は、2014年度の認可外保育施設(届出対象施設)に対する立入調査結果ですが、実にベビーホテルの約半数(49%)、認可外保育施設(ベビーホテル以外)の約1/3(34%)が「指導監督基準」を満たしていないのが現状です。

表3　届出対象の認可外保育施設への立入調査結果(2014年度)

|  | 指導監督基準に適合しているもの | 指導監督基準に適合していないもの | 合計 |
|---|---|---|---|
| ベビーホテル | 579か所(51%) | 555か所(49%) | 1,134か所(100%) |
| 認可外保育施設(ベビーホテル以外) | 2,757か所(66%) | 1,452か所(34%) | 4,209か所(100%) |

(出所)厚生労働省『平成26年度 認可外保育施設の現況取りまとめ』(2016年2月19日発表)

表4　「指導監督基準に適合していないもの」への最終的な指導状況(2014年度)

| 区分 | 口頭指導 | 文書指導 | 改善勧告 | 公表 | 事業停止命令 | 施設閉鎖命令 | 合計 |
|---|---|---|---|---|---|---|---|
| ベビーホテル | 160か所 | 393か所 | 2か所 | ― | ― | ― | 555か所 |
| 認可外保育施設(ベビーホテル以外) | 497か所 | 951か所 | 3か所 | ― | 1か所 | ― | 1,452か所 |

(出所)厚生労働省『平成26年度 認可外保育施設の現況取りまとめ』(2016年2月19日発表)

しかも、そうした施設に対する行政指導は、そのほとんどが「口頭指導」「文書指導」にとどまっており、2014年度に「事業停止命令」が出された認可外保育施設は1か所しかありませんでした（表4参照）。

これでは、いったい何のための「指導監督基準」なのかわかりません。

このように「基準違反の常態化」は、施設側の問題とばかりはいえません。また、認可外保育施設の中には、夜間保育や24時間保育を行っているところもあり、夜勤の仕事をしているひとり親家庭などを支える重要な役割を果たしている場合もあります。しかし、認可外保育施設には基本的に補助金が出ないため、保護者（利用者）が支払った保育料（利用料）だけで、人件費を含むすべての経費を賄わなくてはなりません。その結果、高額な保育利用料を集めるか、人件費を抑えるしかなくなり、保育士どころか必要な人手を確保するだけでも困難な状況になっているのです。

## (4) 何が子どもたちの尊い命を奪ったのか？

2009年に棚橋幸誠くん（当時4か月）が亡くなったラッコランド京橋園も、そんな認可外保育施設の一つでした。ラッコランド裁判を通して明らかになったのは、とても「保育」とは呼べない業務の実態、ずさんな施設運営、そして職員の苛酷な労働環境でした。

幸誠くんが亡くなった当日、0歳児4人を含む17人の子どもたちを若い2人の職員（ともに保育士資格はなし）で「保育」させられていたというだけでも驚きますが、職員は子どもたちの食事やおやつの準備、来訪者や電話の応対まですべて2人だけで行っていたといいます。また、園からは、当日の一時預かりも断ってはいけないと言われていたそうです（控訴審における元職員の証言より）。

しかし、この危険な保育施設を指導監督すべき大阪市は、立入調査の際

に、保育従事者や有資格者の不足、ベビーベッドの危険性、さらには乳児が長時間泣き続けている状況まで把握していながら、施設側に対して「改善勧告」すら行っていませんでした。

　大阪地裁（第1審）で行われた証人尋問では、事故当日に保育を担当していた2人の職員が次のような証言しています。事故当時19歳だった男性は、原告弁護人から「17人の子どもたちを2人でみることに不安を感じなかったか？」と質問され、「不安というか、やらなければいけないという、仕事内容に追われている業務でした。」と話しました。また、同様の質問に、事故当時25歳だった女性は、「（安全に保育できると思っていたかどうかはわからないが）やらなければいけないというふうに思いました。」と証言しています。

　亡くなった幸誠くんや棚橋さんご夫妻、そしてご家族の気持ちを考えると、どんな事情があったにせよ幸誠くんの尊い命を奪った2人の行為（注意義務違反）は許すことができません。しかし、傍聴席で2人の職員の証言を聞いていて、その姿が、保育現場で保育士として懸命に働いている卒業生たちの姿と重なり、複雑な気持ちになりました。

　保育施設での事故や事件について調べていると、子どものことが好きでこの職業に就いたはずの保育者がどうしてそんなひどいことを……と思うケースもたくさんあります。しかし、その背景には「ブラック企業」や「ブラック保育園」など法令違反を犯す企業や施設の問題があり、また、そうした企業や施設が生まれる背景には社会や制度の問題があるのです。


## (5) 構造的暴力としての「規制緩和」

　平和学では「暴力がない状態」を「平和」と定義します。そして、「ある人に対して影響力が行使された結果、その人が現実に肉体的、精神的に実

現し得たものが、その人のもつ潜在的実現可能性を下まわった場合、そこには暴力が存在する」と考えます（ヨハン・ガルトゥング、1991）。

　幸誠くんは、事故が起こる直前まで健康な4か月の男の子でした。ラッコランド京橋園が、きちんと保育をしてくれてさえいれば、今ごろ元気に小学校に通っていたはずです。そして、その後も、多くの人たちと出会い、たくさんのことを学び、夢をかなえ、社会に貢献することもできたはずです。そうした幸誠くんの「未来」（＝潜在的実現可能性）が、避けられたはずの事故によって奪われたわけですから、そこには必ず何かしらの「暴力」が存在しているのです。

　では、幸誠くんの命と未来を奪った「暴力」とは、いったい何だったのでしょうか？

　平和学では、「加害の内容」と「被害－加害の関係」がはっきりしている暴力のことを「直接的暴力」と呼びます。今回のラッコランド京橋園での事故でいえば、①当日保育をしていた職員が「うつぶせ寝のまま放置しない」「睡眠中の呼吸チェックを行う」などの注意義務を怠ったこと、②施設経営者が子どもたちを安全に保育できる環境や体制（必要な職員数や有資格者数）を確保していなかったこと、③認可外保育施設であるラッコランド京橋園を指導監督する立場にあった大阪市がその責任を果たしていなかったことなどが「直接的暴力」にあたります。裁判では、職員や施設による直接的暴力については認定されましたが、大阪市による直接的暴力（指導監督責任の放棄）については認められませんでした。

　一方、暴力行為の主体が存在せず、暴力が社会的ルールや経済的レベルにまで広がっている状況のことを「構造的暴力」といいます（杉田・いとう、2014；杉田、2004；伊藤、2001；ヨハン・ガルトゥング、1991）。

　そもそも棚橋さんが認可外保育施設であるラッコランド京橋園に幸誠くんを預けざるを得なかったのは、大阪市の認可保育所に入所を申し込んだにも関わらず「待機児童」となってしまったからです。「待機児童」という

言葉が今ではすっかり定着してしまいましたが、これは市町村による明らかな法令違反（「児童福祉法」第24条1項の市町村による保育実施義務に違反）です。また、職員の注意義務違反や施設による基準違反の背景にも、職員の劣悪な労働環境や認可外保育施設と認可保育所との格差といった「構造的暴力」が存在しています。

そして、こうした「直接的暴力」や「構造的暴力」を支えているのが「新自由主義」や「自己責任」といった価値観に基づく「文化的暴力」です。

そうしたいくつもの「暴力」が積み重なる中で、幸誠くんの尊い命が奪われてしまったのです（図4参照）。

また、こうした「暴力」の状況は認可保育所においても同様です。待機児童解消のための「詰め込み保育」（定員の弾力化）や小規模保育事業における保育士資格要件の引き下げなど「規制緩和」による保育環境の悪化が続いています。また、保育士の給与も非常に低い水準にとどまったままで、

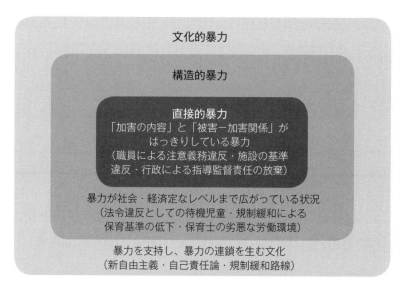

図4　保育事故における直接的暴力・構造的暴力・文化的暴力

認可保育所においても保育士不足が深刻な問題となってきています。

認可外保育施設において死亡事故のリスクが高まっている原因が、保育基準の低さや保育条件の悪さにあることはすでに述べましたが、それは、たとえ認可保育所であっても「規制緩和」によって保育環境が悪化していくと死亡事故のリスクが高まることを意味しています。

「規制（を）緩和（する）」というと、どこか良いイメージをもってしまうから不思議です。おそらく「規制」には「制限する」「不自由」といったマイナスのイメージがあり、「緩和」には「和らげる」「自由になる」といったプラスのイメージがあるからなのでしょう。しかし、実際に保育における「規制緩和」で行われていることは、子どもたちが豊かに成長するために「最低限」必要な基準をなくしたり、低くしたりしているに過ぎません。できるだけ福祉や教育にお金を使いたくないと考える一部の政治家や行政にとっては邪魔な「規制」かもしれませんが、子どもたちの命を守り、豊かな育ちを保障していくためには大切な「基準」なのです。「子どもたちの生活や教育の条件を悪くしましょう」という呼びかけには誰も賛同しないはずなのに、「規制緩和」は良いことのように思えてしまう。先に述べた「待機児童」と同様に「規制緩和」という言葉にも注意が必要です。

この間も「待機児童解消」を大義名分に、認可保育所の基準をさらに「緩和」しようとする動きが続いています。しかし、「わが子の命はどうなってもいいから、子どもを保育所に預けたい」と考える保護者が一体どこにいるのでしょうか？　本当の意味での待機児童解消は、規制緩和によって子どもたちを認可保育所に詰め込むことでも、低い基準の認可外保育施設を増やすことでもなく、子どもも保護者も安心できる認可保育所を増やすことでしか実現し得ないということをあらためて確認しておきたいと思います。

## (6) 本来の「保育」を取り戻すために

　私たちは保育事故を引き起こしているさまざまな「暴力」を排し、本来の「保育」を取り戻さなくてはなりません。本来の「保育」とは子どもの命と健康を守ること（養護）と子どもの発達を保障すること（教育）を目的とした平和的な営みです。

　杉田・いとう（2014）によると、平和とは「暴力の三角形」（直接的暴力・構造的暴力・文化的暴力）を非暴力・創造性・共感によって「平和の三角形」（直接的平和・構造的平和・文化的平和）へと転換することをいいます(図5)。

　「保育事故」について言えば、まず各職場において「職員同士の対話を増やす」「ヒヤリハットの情報を共有する」「リスクマネジメントや緊急対応の研修を行う」など非暴力的な方法で保育事故につながるミスを減らし、安全な保育環境をつくる努力が大切でしょう。

　しかし、その際に「ミスをした職員に罰やペナルティを与える」などの暴力的な方法をとられてしまうと、ミスを隠すことで大きな事故につながっ

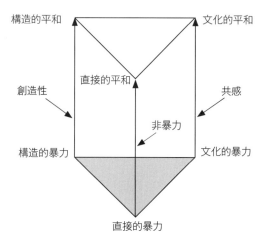

図5　暴力の三角形から平和の三角形へ　（杉田・いとう、2014より）

てしまったり、職員間でイジメやパワハラが発生したりといった新たな「暴力」が生まれてしまいます。また、保育中のケガや事故を避けるために「子どもたちの活動や遊びを制限する」といった方向に向かわないようにも注意が必要です。実際に「子どもが走ってケガをするから鬼ごっこは禁止」「迷子や交通事故が心配だからお散歩は月１回だけ」などのルールができた保育園もあるそうです。そうなってしまうと子どもたちの豊かな育ちが保障できないばかりか、保育士のやり甲斐も奪われてしまいます。子どもの安全と発達とを両立するための非暴力的な手段による創造的な取り組みが求められているのです。しかし、いくら保育現場で創造的な取り組みや安全に関するルールづくりが行われたとしても、それを実践できる保育環境や労

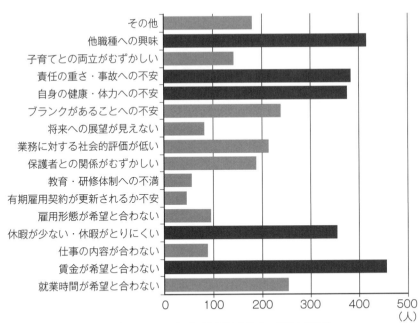

図６　保育士への就業を希望しない理由（回答者数958人、複数回答可）
（出所）厚生労働省職業安定局「保育士資格を有しながら保育士としての就職を希望しない求職者に対する意識調査」（2013年５月実施）の結果より作成。

働条件がなければ「絵に描いた餅」に終わってしまいます。そうならないためにも、国や各自治体の政策レベルで「構造的暴力」をなくす取り組みが不可欠といえるでしょう。

　保育士は、保育所等で生活や遊びを通して、子どもたちの安全・安心と発達を保障している専門家です。子どもたちの命は、保育を担っている人（保育士）の肩にかかっているといっても過言ではありません。日本の保育労働者の労働環境・労働条件は決してよいものではありませんが、その中でも保育者たちは、日々子どもたちの健やかな成長を願い働き続けています。しかし、そうした努力や頑張りも限界に近づいてきているようです。

　図6は、2013年5月に厚生労働省職業安定局が行った「保育士資格を有しながら保育士としての就職を希望しない求職者に対する意識調査」の結果です（回答者数958人）。保育士資格をもちながら保育士への就業を希望しない一番の理由は「賃金が希望と合わない」（47.5％）ですが、「責任の重さ・事故への不安」（40.0％）、「自身の健康・体力への不安」（39.1％）、「休暇が少ない・休暇がとりにくい」（37.0％）といった理由も上位を占めていることがわかります。他職種に比べて極めて低い賃金の改善もさることながら、保育士が安心とやり甲斐をもって働き続けるためには、認可、認可外を問わず保育施設の基準や保育士等の職員の配置基準を大幅に引き上げる時期に来ているといえるでしょう。

　そして、そうした基準は、子どもたちにとっての生活や教育の基準に外なりません。子どもたちの命を守るために、そして、子どもたちにとっても、保護者にとっても、保育士にとっても、安心して過ごせる「保育」という平和の営みを取り戻すために、知恵と力を出し合いながら共感の輪を広げていきましょう。

（大阪電気通信大学　平沼博将）

【文献】

伊藤武彦（2001）攻撃と暴力と平和心理学　心理科学研究会（編）『平和を創る心理学―暴力の文化を克服する』　ナカニシヤ出版

杉田明宏（2004）平和心理学から見た「心のノート」問題　岩川直樹・船橋一男（編著）『「心のノート」の方へは行かない』　寺子屋新書

杉田明宏・いとうたけひこ（2014）平和心理学の理論　心理科学研究会（編）『平和を創る心理学［第2版］―私とあなたと世界ぜんたいの幸福をもとめて』　ナカニシヤ出版

ヨハン・ガルトゥング（著）高柳先男・塩屋保・酒井由美子（訳）（1991）『構造的暴力と平和』　中央大学出版部

COLUMN **4**

# 子どもの権利と保育事故

弁護士・大阪保育運動連絡会会長　河村　学

　生きる権利は、人としての権利の根幹、あるいは前提となるものです。この権利は、ただ生きるというだけでなく、「健康で文化的な最低限度の生活を営む権利」（憲法25条1項）として認められているものであり、国又は地方公共団体はその権利を保障する義務を負っています。

　保育所での死亡事故。それは保育が公的なものである限り、国などの義務違反の最たるものであり、その原因と責任の解明、将来的にこれを防止するための措置の速やかな実施を何よりも優先課題として取り組むべきものです。

　この点、子どもの権利条約では、国、自治体はもとより、公営・民間を問わずすべての保育施設に対し「子どもの最善の利益が第一次的に考慮される」ことを要求し（3条）、子どもの権利の1番目には、「生命への権利、生存・発達の確保」という小見出しの下、「締結国は、すべての子どもが生命への固有の権利を有することを認める。」「締約国は、子どもの生存および発達を可能なかぎり最大限に確保する。」と定めています（6条）。

　この条約を批准し、国際的にもその履行を約束している国は、「生きる」という子どもの固有の権利を害してはならないし、子どもの生存・発達は何をおいても確保されなければなりません。

　例えば、子どもの生存・発達を害する環境があればこれを除去し、その十全な保障が与えられる環境を整えなければなりません。そのための費用が必要であれば、他の有益な施策を後回しにしてでもこれに費用を費やさなければなりません。仮に国に支出すべき費用が全くないということであれば、税を増やすことにより捻出しなければなりません。「最善の利益を第一次的に考慮する」とは、このような重みのある規定なのです。

　ところが、現在の状況はどうでしょうか。たび重なる保育事故、とりわけ死亡

COLUMN

事故が起きているのに、国・自治体は保育環境を変える対策をとりません。求められているのは保育施設・設備の安全性の向上、保育士の増員と能力の向上であるのに、こうした対策は財源を理由に回避され、紋切り型の事故対応マニュアルの作成と、事業者・保育士に注意を呼びかけること、あるいは違反事業者を処分することでしか対応していないのが実際です。それどころか、「待機児童解消」を旗印に、つめ込み・保育士の過重労働など、よりいっそう安全性を害する施策をとろうとさえしています。

自動車事故や労災事故などを考えても容易に判ることですが、注意を呼びかけ、違反者を処罰し、安全マニュアルをつくるというだけでは事故は防げません。子どもの行動や身体の状態は容易に把握できませんし、保育士の行動がすべて合理的に行われるわけでもないからです。また、何より安全な環境がないのに個人の努力と自己責任で乗り越えろというのは無茶な話です。

必要なのは、周辺道路にはボンネルフ、遊具下にはゴムチップを敷設する、用具・おもちゃには小型規制を徹底する、施設の十分な広さと空間を確保するなどです。また、昼寝の際には5分おきにチェックする、うつぶせ寝をさせない、異常があった場合にはただちに治療を受けうる体制を構築するなどです。そして、これらの対応をとるに十分な能力・経験を有する保育士数を確保することです。この保育士には十分な休憩が保障され、生活的に安定できる賃金が確保され、かつ、専門的な知見を広げる研修が行われていることも必要でしょう。

不幸にして起きた具体的な事故を（事故が起きる前のヒヤリ・ハットも）十分に検証したうえで、このような措置をとり、法的な制度に高め、財政的にも措置することが、「事故を防ぐ」ということであり、子どもの生存権を保障する締結国の責任です。

# 2 保育事故に対する国・自治体の取り組み

## (1) はじめに

　子どもの安心・安全が第一に守られるべき幼稚園や保育所等において、子どもが亡くなったり、重篤な外傷を負ったりするような痛ましい保育中の重大事故（以下「保育事故」）があとを絶ちません。

　これまで保育事故の再発防止をはかる対策は不十分で、重大事故が起きても原因不明とされる事例が大半でした。そして、事故原因の検証や分析が行われるケースはほとんどありませんでした。

　このため、死亡事故の遺族が真実を知るためには自ら裁判をおこすしかありません。しかし、裁判によって必ずしも真実が明らかになるわけでもなく、再発防止につながる確証もないのが現状です。

　2015年度からスタートした子ども・子育て支援新制度（以下「新制度」）では、保育サービスの多様化と量的拡大がはかられました。一方で質的低下（安全基準の緩和等）による事故の増加も懸念されています。

　このような状況から、2014年9月、内閣府・文部科学省・厚生労働省は、保育中の事故防止に向け、有識者らによる検討会を設置。また、同年11月、消費者委員会が再発防止に向け事故情報の収集および活用を行うよう建議しています。これらの動きから2015年度には、事故情報の集約と事故情報のデータベースの公表の制度が開始。そして、2016年度からは事故防止および事故発生時の対応のためのガイドラインにもとづく取り組みが始まり、

死亡事故等の重大事故があった場合は、自治体において検証委員会が設置され検証されることとなりました。

　ようやくというべきか、国が保育事故対応に重い腰をあげ、第一歩が踏み出されたのです。

　しかしながら、これらの対応だけで十分とは言い切れないのも事実です。これまでの国・自治体における保育事故に対する取り組みや検討状況をふりかえりつつ、今後の望まれる対策について考えてみたいと思います。

## (2) これまでの保育事故への対応

### ①これまでの保育事故などの集計

　まずは、保育事故などの集計がどのような経過で公表されるようになったのかふりかえってみたいと思います。

　厚生労働省が初めて「保育施設における事故報告集計」を公表したのは2009年12月7日。死亡事故急増の事実を指摘した「赤ちゃんの急死を考える会」の要請（同年11月20日）や、日本共産党の小池晃参院議員の国会質問（同年11月19日）を受けたものです。

　「赤ちゃんの急死を考える会」は、1962年以降に発生した死亡事故240件を分析、認可保育所への園児のつめ込みが進んだ2001年度以降、認可での死亡事故が急増していることに警鐘を鳴らし、国に調査を求めていました。

　これに対して、厚生労働省は2004年4月から2009年11月までの間に保育施設（認可保育所、認可外保育施設）で起きた死亡事故の件数と特徴などをまとめて公表しました。これ以降、厚生労働省は1年間の事故集計を毎年1月下旬頃に公表しています。また2015年2月には、前年の事故集計だけではなく、2004年以降の集計のまとめも報告されています。これらの事故集計については、毎年、報道でも大きく取り上げられていました。

保育施設には含まれていないファミリー・サポート・センター事業の事故集計については、厚生労働省が2011年10月に2006年4月から2011年6月までのものを公表しています。これは2010年11月に大阪府八尾市で発生した事故が契機となっています。

　2015年度から新制度が始まったため、保育施設だけではない「教育・保育施設等における事故報告集計」を内閣府が取りまとめ、2015年分を2016年4月に公表しています。この事故集計からは対象施設や集計方法が変更されたため、過去の保育事故集計の経年変化がとらえにくくなっています。しかし、認可外保育施設など基準の低い施設等での死亡事故率の高さは従前と変わっていません。

　2009年以降、保育事故集計は毎年公表され、その都度、報道でも取り上げられてきています。しかし、死亡事故が劇的に減少することにはなっていません。

　実は、2009年に初めて厚生労働省が事故集計を公表した際には、専門家のコメントが掲載されています。専門家は小児科医の田中哲郎氏（長野県立こども病院副院長〈当時〉）で、「認可外保育施設の事例の中には、保育体制の不備や観察不足があったと考えられ、認可保育所よりも事故の発生率が高い」「重大事故を防止するためには小さな事故から学ばなければならない」「保育施設における事故の発生要因を分析し、関係者で検討し、防止策を講じ、全国の保育現場に周知することこそ重要であり、できれば、そうした分析・評価を行う委員会などを機能させてシステム化することが望ましい」などと指摘されています。

　これらの田中氏の指摘は、この間の国・自治体レベルでの取り組みでどこまで活かされてきたのでしょうか。2009年以降、毎年2けたの子どもが保育施設で亡くなり続けています。単純に集計を公表するだけでなく再発防止に向けた検証をするなど、専門家のコメントを真摯に受け止めた取り組みをしていれば、もっと死亡事故を防ぐことができたのではないでしょうか。

田中氏の指摘から6年以上経過するなかで、ようやく事故防止のための検証制度が国の取り組みとして始まったことになります。

②これまでの事故報告

次に、各施設や自治体からの事故を報告する仕組みについてふりかえってみたいと思います。

厚生労働省は、都道府県等に対して、「保育所及び認可外保育施設における事故の報告について」（2010年1月19日雇児保発0119第1号厚生労働省雇用均等・児童家庭局保育課長通知）を発出しています。当該通知では、施設従事者の不注意などによる事故が発生することのないよう一層の指導の徹底を図るとともに、万一不慮の事故が発生した場合には、厚生労働省へ速やかに詳細を報告することを依頼しています。また、「保育所及び認可外保育施設における事故防止について」（2013年3月8日雇児保発0308第1号厚生労働省雇用均等・児童家庭局保育課長通知）により、保育所等で重大事故等が発生した場合、保育所から市町村、認可外保育施設から都道府県への速やかな報告が行われるよう、都道府県等へ指導を依頼するとともに、保育所において死亡事故等の重篤な事故が発生した場合には、保育の実施者である市町村において、再発防止のための必要な検証を行うよう求めています。なお、ここでいう認可外保育施設には、家庭的保育事業（保育ママ）、事業所内保育事業も含まれています。

さらに、厚生労働省は、都道府県等に対して、「ファミリー・サポート・センター事業における事故の報告について」（2011年6月22日雇児職発0622第1号厚生労働省雇用均等・児童家庭局職業家庭両立課長通知）を発出しています。当該通知では、各自治体において、事故情報の収集を行い、それを基にした再発防止策を講じるなど、ファミリー・サポート・センター事業の安全確保に努めるよう依頼しています。

先述した報告集計については、これらの報告が厚生労働省に集約されて

行われています。

　これまでの厚生労働省から自治体に向けての文書は法的拘束力を伴わない通知（地方自治法に基づく技術的助言）によるものです。そのため、すべての事故が適正に報告されているかは疑わしいところです。特に負傷等の報告件数が年によってばらつきがあるのは自治体や施設への周知状況も反映しているものと思われます。また、認可外保育施設の定義を独自に判断して事故が発生しているにもかかわらず厚生労働省に報告をあげていない自治体の例すらあります。

　そして、再発防止のための検証については、認可保育所において、わずかに一部自治体で行われただけで、認可外保育施設やファミリー・サポート・センター事業で行われた事例はありません。

　これまでの厚生労働省の事故報告の仕組みは、報告が義務づけられているわけでもなければ、報告した後に再発防止のための検証がほとんど行われていないというのが実態です。

### ③新制度の事故対策に向けての議論

　新制度がはじまるまでも、厚生労働省などで保育事故の情報集約や再発防止をはかる取り組みは存在しましたが、これらは十分に機能していませんでした。

　2015年度からは、新制度に含まれる施設や事業（「特定教育・保育施設」「特定地域型保育事業」）については、運営に関する基準（2014年内閣府令第39号）で事故発生時の報告が義務化（法制化）されることとなり、これは一歩前進です。しかし、報告の方法・内容やその情報をもとにした再発防止にむけた取り組みなど具体的なことは何も決まっていませんでした。また、「地域子育て支援事業」や新制度の枠外の事業（認可外保育施設等）については、ひき続き報告の義務は課せられていない状態でした。

　これらのことから、保育事故の再発防止のために、国の子ども・子育て

会議で議論がされ、「教育・保育施設等における重大事故の再発防止に関する検討会」(以下「検討会」)が設置(2014年9月)されることになりました。

検討会では、取り急ぎ「中間とりまとめ」として、重大事故の情報の集約のあり方が公表され、2015年度からの新たな事故報告の仕組みとして適用されることになりました**(資料A参照)**。

そして、検討会は計8回開催され、2015年12月に「最終とりまとめ」を公表しました。

「最終とりまとめ」では、「重大事故の発生防止のための今後の取組み」として、①事故発生防止(予防)のためのガイドラインの作成、②事故発生時の対応マニュアルの作成、③事故の再発防止のための事後的な検証、④事故の発生・再発防止のための指導監督のあり方、の4つが提言され、2016年度からの適用となっています**(資料B参照)**。

## (3) 新たな国の事故報告制度と検証制度

新たな事故報告の仕組みは、「特定教育・保育施設」「特定地域型保育事業者」「地域子ども・子育て支援事業者」については、市町村を通じて都道府県、国に報告することとなり、「認可外保育施設」「認可外の居宅訪問型保育事業者」については、都道府県(政令指定都市、中核市を含む)を通じて国に報告することになっています。事故報告の対象は、「死亡事故」「治療に要する期間が30日以上の負傷・疾病を伴う重篤な事故等(意識不明の事故を含む)」です。これらの詳細については、2015年3月末までに対象施設ごとに通知(「特定教育・保育施設等における事故の報告等について」等)が発出されています。

再発防止のための検証については、「特定教育・保育施設」「特定地域型保育事業者」「地域子ども・子育て支援事業者」については、市町村が、「認

可外保育施設」「認可外の居宅訪問型保育事業者」については、都道府県（政令指定都市、中核市を含む）が検証の実施主体となっています。市町村が検証を実施する場合には、都道府県が支援を行い、都道府県が検証を実施する場合は市町村が協力することとし、検証の実施は、都道府県と市町村が連携して行うことになっています。検証委員会については、重大事故の再発防止に知見のある有識者など外部委員で構成することになっています。これらの詳細については、2016年3月末に通知（「教育・保育施設等における重大事故の再発防止のための事後的な検証について」）が発出されています。

①新たな事故報告制度の課題

　国による新たな保育事故対策がはじまりましたが、いまだ課題が多くあります。これらの課題の一部については、2016年6月に「赤ちゃんの急死を考える会」が国に対して「教育・保育施設や事業等における事故防止のための申入書」を提出し、そのなかで指摘されています。ここでは、指摘している課題も含め、今後の対応として求められることについて考えたいと思います。

　まずは、事故報告の課題についてです。

　新制度における認可施設・事業については、事故報告が義務化されたものの、新制度の枠外の事業などについては義務化がされていません。いくら通知により報告対象であるとしても、死亡事故の発生率が高い認可外保育施設などが義務化されていないことは不合理です。再発防止のためにもすべての預かりにおける事故情報が漏れなく報告・収集される仕組みが不可欠であり、義務づけに向けた法令整備などの早急な対策が求められます。

　また、現状の事故報告のあり方では、事故があった施設や自治体が独自に報告書を作成し提出するため、家族は我が子に起きた事故にもかかわらず、行政に対して情報開示の手続きをとらなければ報告内容を知ることが

第 2 章　保育事故をくり返さないために

資料A

### 教育・保育施設等における重大事故の再発防止策に関する検討会最終取りまとめ概要
（平成27年12月21日）

重大事故の発生防止のための今後の取組みとして、以下のとおり取りまとめ

**1. 事故の発生防止（予防）のためのガイドライン、事故発生時の対応マニュアルの作成**
○ 本検討会において検討された、特定教育・保育施設等における重大事故の発生防止及び事故発生時の対応に関するガイドライン等に盛り込むべき内容（骨子）を踏まえ、具体的なガイドライン、マニュアルは、別途調査研究事業において作成する
○ 各施設・事業者や地方自治体は、このガイドライン、マニュアルを参考に、各々の実態に応じて事故発生の防止等に取り組む

**2. 事故の再発防止のための事後的な検証**
○ 地方自治体における検証
　教育・保育施設等における子どもの死亡事故等について、事実の把握、発生原因の分析等を行い、必要な再発防止策を検討するために実施　＊検証にあたっては、プライバシー保護及び事故に遭った子どもや保護者の意向に配慮する
　＜検証の実施主体＞
　・特定教育・保育施設、特定地域型保育事業、地域子ども・子育て支援事業　→　市町村（都道府県は市町村の検証を支援）
　・認可を受けていない保育施設・事業　→　都道府県（指定都市、中核市を含む）
　＜検証の対象範囲＞
　　地方自治体・・・死亡事故、死亡事故以外の重大事故（検証を必要と判断した事例　例：意識不明等）
　　　　　　　　　　　　　　　　　　　　　　　　　　　（施設・事業者は、上記以外の事故、ヒヤリハット事例について適宜検証を実施する）
○ 国における再発防止策の取組
　有識者会議を設置し、地方自治体の検証報告等を踏まえた再発防止策を検討・提言
　・事故報告に基づく集計・傾向分析　・再発防止に係る提言　等を実施

**3. 事故の発生・再発防止のための指導監督のあり方**
○ 重大事故の発生・再発防止の観点からの指導監督の効果的な運用が必要
　・重大事故が発生した場合等、事前通告なく指導監督を実施すること等を通知等で明確化
　・事故の発生・再発防止に対する日常的な指導の充実

※今後の施設・事業者や地方自治体の運用状況等を踏まえ、事故の発生防止等の取組みについて引き続き見直していく

資料B

### 教育・保育施設等における重大事故の再発防止策に関する検討会について　　参考

**1. 背景**
○子ども・子育て支援新制度では、特定教育・保育施設及び特定地域型保育事業者は、事故の発生又は再発を防止するための措置及び事故が発生した場合における市町村、家族等に対する連絡等の措置を講ずることとされている。（特定教育・保育施設及び特定地域型保育事業の運営に関する基準第32条、第50条）
○平成26年6月30日開催の第16回子ども・子育て会議において、特定教育・保育施設等の重大事故の発生・再発防止について行政の取組みのあり方等を検討すべきとされた。

**2. 検討会の議論**
○教育・保育施設等における重大事故の再発防止策に関する検討会（平成26年9月8日）を設置し、次の事項について議論
　①重大事故の情報の集約のあり方　　③事故の発生・再発防止のための支援、指導監督のあり方
　②集約した情報の分析、フィードバック、公表のあり方

**3. 中間取りまとめ（平成26年11月28日）**
○重大事故の集約範囲・方法・公表のあり方について取りまとめ
　・報告対象施設・事業者：特定教育・保育施設、特定地域型保育事業、地域子ども・子育て支援事業（子どもを預かる事業に限る）、認可を受けていない保育施設・事業
　・報告の対象となる重大事故の範囲：死亡事故、治療に要する期間が30日以上の負傷や疾病を伴う重篤な事故
　・報告内容及び報告期限：報告様式を定め、報告期限の目安（第1報は事故発生当日等）を設定
　・報告のルート：特定教育・保育施設、特定地域型保育事業、地域子ども・子育て支援事業の施設・事業者　→　市町村　→　都道府県　→　国
　　　　　　　　　認可を受けていない保育施設・事業者　→　都道府県　→　国
　　　　　　　　　　　　　　　　　　　　　　　　※「特定教育・保育施設等における事故の報告について（平成27年2月16日）」により通知
　・公表のあり方：国において事故報告をデータベース化し、内閣府HPで公表（個人情報を除く）　※平成27年6月より四半期ごとに内閣府HPで公表

**4. 最終取りまとめ（平成27年12月21日）**
○重大事故の発生防止のための今後の取組みについて取りまとめ
　・事故の発生防止（予防）のためのガイドラインの作成　⇒施設・事業者、自治体向けにそれぞれ対応したものを作成
　・事故発生時の対応マニュアルの作成　　　　　　　　　　検討会では骨子を示し、具体的なガイドライン等は現在行っている調査研究事業で作成
　・事故の再発防止のための事後的な検証：地方自治体…死亡事故、必要と判断した場合の死亡事故以外の重大事故の検証
　　　　　　　　　　　　　　　　　　　　国…有識者会議を設置し、地方自治体の検証報告等を踏まえ、再発防止策を検討
　・事故の発生・再発防止のための指導監督のあり方：重大事故が発生した場合等に事前通告なく指導監督を実施できる旨を明確にするとともに、
　　　　　　　　　　　　　　　　　　　　　　　　　　日常的な指導が適切になされるよう地方自治体へ通知

できません。このため、第一報の際に、家族に対しての対応経過も併せて報告させ、第二報では家族からの確認もしくはコメント欄を設ける形にするなど、一方の当事者が排除されない、もしくは積極的に関わることも可能な形での報告の仕組みに改めることが求められます。

②新たな検証制度の課題（実施主体）

次に検証制度の課題のうち実施主体についてです。

国の検証制度では、新制度における認可施設・事業については、市町村が実施主体となり、認可外保育施設などは都道府県が実施主体となっています。

市町村の場合、速やかな状況把握ができる利点がある一方で、規模や体制に違いがあることから、検証について一様な対応とならないことが懸念されます。市町村が検証する場合に都道府県が支援するとなっているものの、市町村の状況如何で検証の質や時間的な格差等が生じることも予想されます。

あくまでも再発防止のための検証にあっては、一定の検証の質等が確保されることも重要であり、そのためには検証ノウハウの蓄積などを考慮する必要があります。

事故情報がすべて都道府県にいったん集約される仕組みや、子ども・子育て支援法第3条における都道府県の役割が「特に専門性の高い施策及び各市町村の区域を超えた広域的な対応が必要な施策」とされていることからすれば、検証制度の実施主体はあくまでも都道府県とし、関係する市町村と連携することが最善の方法と考えられます。

③新たな検証制度の課題（検証委員会）

検証委員会は、その客観性を担保するため、検証委員は外部の者（当該事例に直接関与した、ないし直接関与すべきであった組織の者以外の者）

で構成する必要があることはいうまでもありません。

　しかし、2016年4月に大阪市の認可外保育施設で発生した死亡事故の検証委員会については、大阪市の保育行政に携わっていた元職員が学識経験者として検証委員に入っている事例があります。検証・分析の目的が事故をくり返さないための教訓を導き出し、対策を立てていくことであることから、直接的原因のみならず間接的原因（制度や行政対応も含めた部分）についても対応することが求められるはずです。そういった場合に、検証されるべき組織の元一員が委員として加わることが良いのかどうか、しっかり議論する必要があると思います。

　また、教育評論家の尾木直樹氏（法政大教授）がいじめの実態を調査するために大津市が設置した第三者調査委員会（2012年）に遺族側の推薦で加わった例もあることから、検証委員の選定については、家族からの推薦や希望を考慮することも重要かと思います。

　さらに、事例によっては密室性が高いことから、過失の有無や病死・外因死についての判断が困難な事例も想定されることから、必要な専門性を有した委員を選定する必要があり、関連する学術的研究（本誌で紹介されているうつぶせ寝の研究等）などを常日頃からリサーチしておくことも重要となってきます。そのため、少なくとも検証委員会事務局については恒常的組織として位置づけておく必要があると思います。

④新たな検証制度の課題（法整備）
　保育事故よりも早く児童虐待分野では2008年に検証制度が構築されています。

　児童虐待分野の検証組織については、法律（児童虐待防止法第4条）により「国・地方公共団体双方についての分析の責務」が行政に課せられていることから、すべての都道府県等に設置され、制度が実施されています。

　しかし、教育・保育施設等に関わる子ども・子育て支援法や児童福祉法

においては、「分析の責務」が法律上規定されておらず、新制度のもとでの再発防止策なども法令に定められたものではありません。また、事故報告についても、施設・事業の種別により法的位置づけが異なっています。さらに、施設・事業者に対する行政の「報告」「質問」「立入り」「検査」などの調査権限についても、法的位置づけが異なった状態になっています。

このため、法的根拠がない施設・事業者に対する事故報告や調査権限については、罰則等が伴わない任意協力の範囲にとどまることとなり、その実効性が疑わしい状態です。そして、検証・分析の精度に大きく影響することが予想されます。

以上のことから、施設・事業の種別を問わず、確実な事故情報の収集と、実効ある検証・分析を行うための法的根拠が必要です。

欧米などの先進国では、予防可能な子どもの死亡を減らす目的で、多職種専門家が連携して系統的に死因調査を実施して効果的な予防策を講じるチャイルド・デス・レビュー（子どもの死因検証制度）を法制化しているところもあります。

日本も教育・保育施設等にとどまらない子どもの事故情報の一元化と再発防止策の実効性を高めるための法整備を検討することが必要と考えます。

しかし、子どもの重大事故防止が喫緊の課題となっている現状からすれば、できるかぎり早く制度を構築させ、その実績にもとづき教育・保育の質的向上に役立てる必要があります。法整備を待たずとも、児童虐待分野の検証を参考とし、制度の実施主体を都道府県とすることにより制度構築するのであれば、都道府県条例による対応でも一定の効果が期待されるところです。これらの早期対応が求められます。

⑤その他の課題

最後に、これまで触れていない課題について考えたいと思います。

まずは、無過失補償です。現行の制度では、「特定教育・保育施設」「特

定地域型保育事業」については、独立行政法人日本スポーツ振興センターの災害共済給付の加入対象となっています。この災害共済給付は、保育者や施設の過失の有無にかかわらず一定の補償があり当事者が救済される仕組みになっています。一方、認可外保育施設などは民間の賠償責任保険での対応となり、過失が認定されなければ一切の補償はありません。このため、施設や事業によって補償の面での大きな格差が存在します。すべての保育・教育施設や事業を災害共済給付の対象とし義務づけるよう法令の整備が必要です。

　次に、ビデオでの記録についてです。検討会でも、検証のためのビデオ設置が必要との意見が出されており、カメラの設置促進のための補助制度も用意されています。とりわけ密室性が高い施設などでは、事故に関わった保育者が少数で、正直に事故の状況説明をしない場合は、真実は闇の中に葬り去られてしまいます。このため、事故率が高い施設などから優先的にビデオを設置し、検証に活用できるようにすることが、事故の再発防止に役立つとともに保育者自身を守ることにもつながると思います。また、行政が施設・事業者を指導監督するうえでも、過去のビデオ記録を確認できるようにすることも、保育の安全性確保の点からも重要となります。

　最後に、子どもを亡くしたり重篤な状況になった家族への支援も重要と考えます。元気だったはずの我が子の死などを突然受け入れられるはずもなく、家族の悲しみや喪失感ははかりしれないものがあります。このような状態のなかでも、事故の原因究明に向き合うことは非常に過酷なことであり、子どもの死が原因となり家族が崩壊する例もあると聞きます。これら被害家族を支える仕組みと被害家族を置き去りにしない事故防止対策こそが望まれます。

（大阪保育運動連絡会　岩狹匡志）

COLUMN 5

# 保育事故「検証制度」
開始の背景とその問題点

ISA／赤ちゃんの急死を考える会　藤井真希

　保育施設等での事故当事者の長年の働きかけが実り、保育事故の検証制度が始まりました。これにより、教育・保育施設や事業等で重大事故が発生した場合、自治体は第三者委員会等を設置して検証を行い、再発防止への取り組みを行うことが求められるようになりました。2016年7月現在、東京・大阪・埼玉で起きた3件の事故について、この制度に則った検証作業が進められています。

　これまで保育施設等で事故が起こった場合、当事者である家族にとって、事故の詳しい状況を知ることは容易ではありませんでした。子どもが睡眠中などに亡くなった場合は消防や病院の通報により警察が介入することになりますが、その対応にはばらつきがあり、施設の説明を鵜のみにして当初から捜査自体に消極的だった事例や、早々に「事件性なし」と結論づけられた事例は実際に多く存在します。事故状況の精査もないまま「司法解剖の結果を待つ」という対応をされるケースも多く、解剖を担当する法医に死因を特定するのに十分な情報が提供されない中で「死因不詳」や「乳幼児突然死症候群（の疑い）」などと診断されることで、「事件性なし」とされ、以降は捜査も進まない…という事例も珍しくありません。一般的に乳幼児の急死の解剖においては「死体所見のみでは窒息死と乳幼児突然死症候群（SIDS）は同じ」ということが背景にあります。（なお、私の娘は1時間のあずかり中にうつぶせの心肺停止状態で発見されましたが、病院で蘇生され、警察への通報が行われなかったため、事故当時の警察介入はありませんでした。）

　家族が刑事告訴を行い検察に送検された事例においても、その後の状況はさらに厳しく、睡眠中の保育事故で立件されたのはごく少数です。棚橋幸誠くんの事故では、担当刑事が熱心に捜査を進めて

COLUMN

いたものの、検察の判断で不起訴となってしまいました。

家族が自ら施設や保育者を訪ね、事故状況を知るために行動することは不可能ではありませんが、大変骨の折れることです。さらに、責任問題を恐れた施設側が虚偽の説明や隠ぺいを図り、面会自体を拒否することがあります。民間の賠償責任保険会社の顧問弁護士が介入すれば、施設側に直接接触することもできなくなります。

子どもが事故に遭った家族が望むのは、まずその事故がきちんと説明されること、そして事故を教訓とし再発防止につなげてもらうことです。このたびの「検証制度」開始はその重要な一歩であり、期待が寄せられています。しかし、制度にはいまだ不完全な部分も多くあります。例えば、①事故対応の基本となる「事故報告」は新制度における認可施設にのみ義務づけられており、それ以外（認可外施設等）は政府通知での"お願い"にとどまっているため、事故がすべて報告されない恐れがあること（死亡事故の7割は認可外施設で発生しています）②施設の種別により対応する行政機関が異なること（特に認可施設の事故では、認可・確認主体であり待機児童解消の責務を直接負っている自治体が自ら検証を行う形になるため、責任問題の点から公平公正な検証が保障されるのかという疑問が残る）③検証制度そのものが通知による"お願い"であり、どの程度実行されるかの判断は自治体に任され、検証における能力も自治体で異なること…などがその一部です。

さらに、検証そのものの精度を高めるためには、保育事故の保険制度が拡充されることも必要です。現状では、認可外の施設や事業者は無過失補償がある独立行政法人日本スポーツ振興センターの公的保険に入ることができず、事故の責任回避を意識した当事者から真実が語られにくいという現実があります。このような「あずけ先による差」を是正するための法令改正等も課題です。ISAでは今後も、保育事故検証制度を注視し、改善のための働きかけを行っていきます。

# 3 子どもの命を守るために国や自治体に望むこと

　国や自治体に対して私たちが求めるものは、安心して預けられる保育所等が十分にあることです。望む人が入所できる量的な確保、一時保育や長時間保育などに対応できる制度の充実。それらが整っていれば防げた事故もあったのではないでしょうか。

## (1) 増加してきた保育施設・事業での事故

　厚生労働省が、「保育施設における事故報告集計」として、自治体からの事故報告件数を毎年公表し始めたのは2009年からと比較的最近のことです。
　第2章1、59ページの図3をみると、保育・教育施設等での死亡事が毎年起こっているのがわかります。「赤ちゃんの急死を考える会」の小山氏によると、近年の事故の特徴として、認可保育所では誤飲や誤食をはじめ、散歩時のトラブル等、あきらかに保育士の手が足りないために起きた事故が増え、認可外保育施設では24時間型や夜間保育・家庭的保育（保育ママ）での事故が大半を占め、幼い子どもをもつ若年層の夫婦の就労状況の厳しさが表れているとしています。また、子ども・子育て支援新制度移行にともない、地域型保育事業（家庭的保育・小規模保育・事業所内保育）が、0歳から2歳までの施設として認可制度の中に位置づけられました。地域型保育事業では、全職員が有資格者であることを求めておらず、小規模保育C

型や家庭的保育、事業所内保育では、保育士有資格者がいなくてもよいということになっており、認可施設と認可外施設のボーダーラインが曖昧となっています。

## (2) 待機児童問題

　現在、待機児童が社会問題となっています。しかし、待機児童の問題は今に始まったことではありません。政府は、1995年から毎年待機児童数を発表しています。待機児童対策のために国が行ってきた施策は規制緩和中心です。待機児童解消を謳い2015年4月から子ども・子育て支援新制度がスタートしましたが、2016年現在、待機児童解消とはなっていません。**表5**は大阪府での待機児童の状況です。保育所に入所申込みをしても入所できなかった数（未入所児童数a）と定員を超えて入所している数（弾力化数b）を足すと、最低限確保しなければならない保育の量がわかります（最低確保数a+b）。各自治体から発表される待機児童数（A）と、大きく開きがあります。待機児童は、政府が定めた定義によってカウントされるため、このような差が出るのです。例えば、市町村が補助金を出している認可外保育施設に入所していたらカウントしない、第一希望（距離や保育時間など）のみを望む人はカウントしないなどです。また、定員を超えて入所している（弾力化）子どもの人数分の保育を確保しないことには、いつまでたっても定員超過の状態は解消されません。政府が示した定義に従った待機児童カウントによる対策では、待機児童が解消しないのは明らかです。根本的な解決策を提示しないなか、どのように待機児解消施策を進めてきたのかというと、上記に述べた待機児童カウントの仕方の変更をはじめとする種々の規制緩和策です。

　2001年小泉首相（当時）は、歴代首相としては初めて所信表明演説で保

育施策や待機児童解消が重点課題の一つであるとあげました。そして「待機児童ゼロ作戦―最小のコストで最良・最大のサービス」が打ち出され、国をあげての待機児童解消が取り組まれました。最小のコストで行う保育とは、できるだけお金をかけず引き続き規制緩和を進め、質をおとして3年間で15万人分の保育所受け入れ枠を拡大するというものでした。

　主な規制緩和は表6の通りです。

　表6を見ると実に驚きます。待機児童解消を理由に行われた規制緩和は、①子ども達の保育条件を下げ（弾力化による超過入所や一人当たりの面積基準の切り下げ）、②保育士の労働条件を下げ（短時間保育士配置の上限撤廃、地方自治体の配置基準上乗せの引き下げ指示、面積引き下げによるつめ込み、園庭がないことやつめ込み等による危険リスクの増加）を進めてきたことがわかります。前述の小山氏の調査結果分析と重ねてみると、基準の緩和と事故は相関関係にあるということが予測されます。待機児童ゼロ作戦から約15年。いまだに待機児童問題は解消されず、そして事故も減少はしていません。

表5　大阪府の待機児童数と定員を超えての入所児童数

|  | 2002年 | 2007年 | 2010年 | 2012年 | 2014年 |
| --- | --- | --- | --- | --- | --- |
| A 待機児童数 | 3784 | 1806 | 1398 | 1882 | 1176 |
| a 未入所児童数（申込数－入所数） | 7998 | 6783 | 6266 | 12521 | 6520 |
| b 定員を超えての入所児童数 | 4791 | 8470 | 7852 | 11169 | 6416 |
| a+b | 12789 | 15253 | 14118 | 23690 | 12936 |

## (3) 待機児童解消と保育士の処遇改善と配置基準の引き上げ

　待機児童解消のための課題は大きく二つあります。一つは、保育所そのものが足りていないことで、入所できない状況にあるということ。もう一つは、保育にあたる保育士が不足しているということです。新しく保育所を開園しても保育士が集まらない、定員は空いているのに保育士がいないので受け入れることができないという問題です。

表6　主な規制緩和

| 定員を超えての入所（弾力化） | 1998年 | 年度当初10%まで　年度途中15%まで |
| --- | --- | --- |
| | 1999年 | 年度当初15%まで　年度途中25%まで |
| | 2001年 | 基準内であれば、10月以降は上限なし |
| 保育士 | 1998年<br>2002年<br>2016年 | 短時間保育士（1日6時間、月20日未満）の導入<br>短時間保育士の配置上限は保育士定数の2割まで<br>短時間保育士の配置上限撤廃<br>保育士配置2人以上を朝夕に限り、保育士1人と研修を受けたもの1人でよい |
| 土地・建物 | 2001年<br>2001年<br>2002年 | 保育所の必置基準であった園庭が、付近にある広場や神社、ビルの屋上で代用可能となった<br>0歳児保育室面積　4.95㎡から3.3㎡<br>2階に保育室を設置する場合<br>耐火建築物→準耐火建築物　引き下げ |
| 設置主体 | 2000年 | 認可保育所の設置主体<br>地方自治体と社会福祉法人等<br>↓<br>社会福祉法人以外の民間主体（株式会社、NPO法人、学校法人など） |
| その他 | | ・待機童カウント定義の変更<br>・地方自治体が単独で行っている子ども一人当たりのスペースや保育士配置基準（国基準）への上乗せを引き下げるよう国が指示<br>・2015年「子ども・子育て支援新制度」による認可制度の基準緩和<br>小規模保育事業 |

| | A型 | B型 | C型 |
| --- | --- | --- | --- |
| 保育従事者 | 保育士資格者 | 保育士資格者1/2以上 | 家庭的保育者 |

この間、政府は待機児童の数を正確に把握してきませんでした。次世代育成支援の市町村計画や新制度移行の際の事業計画などに、本当に必要な数の保育所建設計画を作りませんでした。政府が行った待機児童カウント変更や定員を超えての入所（弾力化）などで減った数が基礎の数になったからです。本当に必要な数とは、入所を希望しながら入れなかった数と定員を超えての入所数が最低の基礎の数になります。前述した最低確保数です。それらを基礎に立てていない計画では、いつまでたっても保育所に入所できない子どもは減らないのです。そのため、認可保育所に入所できない、あるいは認可保育所で対応できない範囲（保育時間など）などが要因で認可外保育施設が急増してきました。認可外保育施設は、もちろん認可基準は必要ないので、保育施設の広さや安全確保（耐火基準や避難路の確保など）、保育士資格者の配置など認可保育所と同じ基準ではありません。事故の増加は当然とも言えます。

　保育士不足の問題は、様々な規制緩和で様変わりする保育現場と大きく関係があります。例えば配置基準です。子どもの受け入れ人数を増やすため、自治体独自に上乗せしている職員配置を政府が引き下げるよう指示を出したことは前述しましたが、そのことで現場ではぎりぎりの配置基準になっています。昨今、アレルギーや発達の弱さなど、配慮が必要な子どもや気になる子が増加しています。保護者対応も大変になっています。そんななか、1歳児6人に職員1人の配置、4、5歳児30人に職員1人というのが国の最低基準なのです。また、非常勤職員の増加で、正規職員の責任は重くなるばかりです。以前のように、就職したらベテランの先生と一緒に組んで、一つひとつ仕事を覚えていくのではなく、学校を卒業して、いきなり一人担任や保護者対応をしなければならないのが現状です。保育所はほとんどが12時間開所で、職員は時差勤務で対応しています。国の保育所運営への補助が、時差勤務へ対応していないことが、余裕のない、ギリギリの職員数で保育を行わざるを得ない状態へ、保育所を追い込んでいるのです。

さらに、面積基準の引き下げでのつめ込み保育や園庭がないなどの施設条件の低下が保育士を精神的にも疲弊させています。

69ページに掲載の図6（厚生労働省職業安定局が潜在保育士に対して行ったアンケート結果）に、現在の働く場として保育所の課題が出ています。

保育士を確保するためには、給与改善と同時に、配置基準を改善することが必要です。一人ひとりの子どもや保護者に、余裕をもって対応できるようにすること、また、健康で長く働き続けられるよう（子育てしながら働くことをサポート）、急な休みなどに対応できるよう職員配置の改善が早急に必要です。

これらは待ったなしの課題です。

待機児童を解消するために規制緩和をすれば、保育士の退職に歯止めがかからず、事故が増加するということが、この間、明らかになってきたのが保育現場の実態です。認可保育所の増設と事業拡大、そして保育士確保のための処遇改善と職員配置基準の引き上げを早急に実現していかなければなりません。同時に、上記整備を行う間、認可外保育施設の活用が必要な場合もあります。その場合、行政として認可外保育施設の質と安全の担保、認可外保育施設の認可化促進が求められます。

## (4) ラッコランド京橋園乳児死亡事故裁判から認可外保育施設指導監督に求めるもの

認可外保育施設指導監督基準（以下、指導監督基準）は都道府県（市町村）ごとに国が示したものを参考に制定しています。指導監督基準を基本に指導監督基準の指針、評価の基準などを用いています。

指導監督基準は、職員の配置や部屋の広さ、建物の耐火や安全、衛生などについて記載されており認可施設でいえば「運営基準」のようなもので

す。基本的には、一年に1回以上の立入調査が原則とされています。しかし、認可外保育施設での事故が後を絶たないのはなぜでしょうか？

ラッコランド京橋園においても、大阪市が指導監督基準をもとに立入調査を行っていました。そのなかで、3年連続で「保育士資格者不足」を指摘されています（指導監督基準では、保育士資格者は職員の1/3以上）。

大阪市では、口頭で改善指導を行い、概ね1か月以内に改善されなければ、文書での指導（もしくは改善勧告）を行い、改善勧告から概ね1か月以内に改善されなければ、公表、業務停止または施設閉鎖命令となります（大阪市認可外保育施設指導監督要綱より）。ラッコランド京橋園の場合はどうだったのでしょうか？

### ①指導に従わない場合の対応の具体化と強制力

ラッコランド京橋園の場合は、「保育士資格者不足」の指摘に対して、「有資格者公募」を行っている事実をあげ、改善に向けての努力を行っていると大阪市に報告しています。大阪市は、改善されてはいないが、努力を行っているということで、それ以上の追及はしませんでした。そしてその次の年、次の年と3年間同じことをくり返していました。

このことから、改善の確認をどのように行うのか、いつまでに改善をして、改善されない場合はどういう措置をとるのかを明確にしなければならないという教訓が引き出されます。大阪市の要綱によると、「第9条　市長は、改善策を行ったにもかかわらず改善が行われていない場合であって、かつ改善の見通しがなく児童福祉に著しく有害であると認められるとき、―中略―これを放置することが児童福祉に著しく有害であると認められるときは、事前に書面通知によって弁明の機会を付与し、社会福祉審議会の意見を聴き、事業停止又は施設閉鎖を命ずることができる」となっています。「著しく有害」な状態の具体的事例がないからでしょうか？　3年間の有資格者不足は、「放置することが児童福祉に著しく有害である」ということには該

当せず、「指摘しただけ」あるいは「指摘したまま」になりました。

②通常調査にも事前通告なしの立入調査を

立入調査の際の評価基準の評価事項で「保育従事者が不足するような場合には、乳幼児の受け入れを断るよう指導を行うこと」と記載されています。

ラッコランド京橋園では、常時3人の体制で保育に当たっている（有資格者の確保はされていない）と大阪市には報告し、立入調査の際も3人の職員体制をとっていました。しかし、裁判の中で「常時2人体制であった」「一時預かりは断ってはいけないと社長から指導されている」ということが明らかになりました。大阪市の要綱では「第6条7　立ち入り調査にあたっては、当該施設における帳票等の準備のために、設置者又は管理者に対し、期日を事前通告することを通例とするが、特別立ち入り調査が必要な場合等には、事前通告せずに実施することが適当である」となっています。特別立入調査が必要な場合とはどういう時なのかを明らかにすることが必要です。同時に通常の立入調査においても、事前通告なしの立入調査が必要なことは、ラッコランド裁判のなかで、大阪市に対し「通常の保育体制は3人」と報告しながら、実際は2人体制であった現実の前で、当然見直しが必要となっています。

③立入調査報告書の検討と検討報告書の作成

ラッコランド京橋園の立入調査報告書の備考欄に、「子どもたちの表情が乏しい」「午前中なのに、顔や服が汚れている」「大人の関わりが乏しいのではないか」などが記述されています。これは、立入調査に同行した保育士による記述です。明らかに、子どもたちの状況をみて、日常の保育内容に対して、「人手が足りていないのではないか」「子どもたちが放置されている状況があるのではないか」「保育の専門性が低いのではないか」などが予想されるような書きぶりです。認可外指導監督基準に明記されている「保

育内容」に基づいて、適正な保育が行われていたのか、立入調査後、報告書をどの程度検討しているのかは不明です。指導監督基準に基づいた保育ができているのかという検証と検証についての報告書作成を義務づける必要があります。立入調査が報告書を書くだけで終わってしまってはいけないのです。

④就学前の子どもの施設としての適合性を具体的に

　指導監督基準のなかには、保育従事者の保育姿勢「児童の最善の利益を考慮し、保育サービスを実施するものとして適切な姿勢であること。―略―」ということが明記されています。設置者についても「10設置者の経営姿勢　設置者は入所する児童の最善の利益を考慮し、その福祉を積極的に増進することに最もふさわしい保育を行う事を目的とした、適切な経営をおこなうこと。」と明記されています。認可外保育施設の場合、その設置・運営者は多岐にわたっています。ラッコランド京橋園は、過去にラッコランド十三園で、4か月の女児が窒息死するという事故を起こしています。十三園での事故以降、ラッコランドの経営者が、「入所する児童の最善利益」をどのように考慮しているのか、就学前の子どもたちを預かる施設を経営するに足る資質はあるのかなどを検討する場が必要ではないでしょうか。何らかの社会的問題や違法行為などがあった施設経営者に対して特別に指導監督をするということも必要なことです。

　裁判のなかで、大阪市は、施設の閉鎖について、「営業権を侵害することになる」「現在入所している人に迷惑をかける」と主張していました（大阪市認可外保育施設に対する指導監督要綱では、事業停止・閉鎖命令の場合「利用児童の受け入れ先の確保について調整を図る」となっています）。最も優先するのは何なのか、視点を明確にし明記すべきです。

## (5) 保育制度と向き合うとき

　認可外保育施設指導監督基準は2001年10月から適用が始まりました。劣悪な認可外保育施設をなくすこと、指導監督基準を満たしていることで、利用者の安心感や利用しやすさを生み出しています。しかし、依然として事故はくり返されています。

　2015年度から子ども・子育て支援新制度（以下、「新制度」）がスタートしました。良質の教育・保育を子ども達に保障するという制度です。新制度がスタートしても、重篤な事故はなくなっていません。なぜならこの節で見たように、日本の保育制度は保育条件を向上させるのでなく、低下させ、受け皿を増やす政策をとり、保育そのものを劣化させてきたからです。

　新制度で、認可保育所等の基準は、国が示したものを参考に都道府県・市町村で決めるようになりました。

　東京都では

　「…保育士一人に加え、知事が保育士と同等の知識及び経験を有すると認める者を一人以上おかなければならない」（東京都児童福祉施設の設備及び運営の基準に関する条例施行規則附則11）

　「…知事が保育士と同等の知識『及び経験を有すると認めるものを、保育士とみなすことができる』」（同附則13）

　知事が認める者について「施設長及び設置者の代表者が、保育士と同等の職務を適切に行えると判断したものであること。」

　大阪府では

　「当分の間…保育士の数の算定については、幼稚園教諭もしくは小学校教諭又は養護教諭の普通免許状を有する者を、保育士とみなすことができる」（大阪府児童福祉施設の設備及び運営に関する基準を定める条例附則18）

　「…知事が定めるところにより、知事が保育士と同等の知識及び経験を有すると認めるものを保育士とみなすことができる」（同附則19）

など、待機児童解消・保育士不足を理由に保育士資格がなくても保育できる状況を広げています。

　また、2016年4月から、政府が待機児童対策の目玉として「企業主導型保育事業」という新たな枠組みをつくりました。国からは、認可保育所と同水準の施設整備費や運営費補助が受けられます。しかし、都道府県や市町村が関与しない仕組みで、行政のチェックが手薄になります。認可外施設なので児童育成協会から承認されれば都道府県に届けるだけ、保育士資格者も職員の1/2です。ますます、認可制度の外の施設を増やし、そして認可保育所と認可外保育施設の境目が曖昧になっていきます。

　2015年11月25日。ラッコランド京橋園のずさんな保育が大阪高裁によって大阪市の責任を問われることにはなりませんでした。その後2016年3月に東京都内の認可外保育施設（事業所内保育施設）で死亡事故がありました。4月、大阪市内で、認可外保育施設でうつぶせ寝による死亡事故がありました。共通しているのは、「有資格者不足」「うつぶせ寝」「放置」です。子どもの命を保育施設で失うことが、なぜ後を絶たないのか。国が進めている保育制度が保育を劣化させていないか、今、真摯に向き合う時ではないでしょうか。

　　　　　　　（ラッコランド京橋園乳児死亡事故裁判を支援する会　仲井さやか）

第2章　保育事故をくり返さないために

## 大阪市長への要望書

大阪市長　吉村　洋文　様

2016年5月24日

ラッコランド京橋園乳児死亡事故裁判を
支援する会

代表　永谷　孝代
元原告　棚橋　恵美
大阪市保育運動連絡会気付
<連絡先>大阪市中央区谷町7丁目2-2-202
Fax.06-6763-4381　FAX06-6763-3593
rakkorandosaiban@yahoo.co.jp
（事務局　仲井）

### 要望書

日頃の子ども施策推進のため、ご努力頂いていることにお礼申し上げます。
去る4月12日、大阪市が報道発表した「認可外保育施設で発生した死亡事故について」を知り、驚きと失望と深い悲しみでいっぱいでした。
2015年11月25日大阪高裁において、ラッコランド京橋園での死亡事故裁判の判決が下されました。私たちは、この裁判を通して「二度と同様な出来事が起こらないように」と願い、事故の原因究明や監査のあり方などについて考えてきました。判決から5ヶ月、同じ大阪市の認可外保育施設で再びこのような重大な事態が起こったことから、あらためて以下のことを大阪市に要望致します。

#### 要望事項

1. 大阪市における認可外保育施設の指導・監査のあり方について、見直しを行ってください（別紙参照）。

2. 重篤事故検証委員会には、発達心理の専門家、弁護士、保育士、小児科医を入れてください。また法的に定めてください。

3. 待機児童解消に係る国家戦略特区申請を取り下げてください。

4. 政府の「神奈川児童福祉急対策」など一連の規制緩和は、子どもの命・安全を脅かすものであることを、政府に対して遺憾してください。

## 国会議員への要望書

各位　御中

ラッコランド京橋園乳児死亡事故裁判を
支援する会

代表　永谷　孝代
元原告　棚橋　恵美
大阪市保育運動連絡会気付
<連絡先>大阪市中央区谷町7丁目2-2-202
Fax.06-6763-4381　FAX06-6763-3593
rakkorandosaiban@yahoo.co.jp
（事務局　仲井）

### 子ども・子育て支援法一部改正による
### 企業主導型保育事業創設に関する要望書

日頃の子ども施策推進のため、ご努力頂いていることにお礼申し上げます。
私どもは、別紙にありますように、大阪市の認可外保育施設において昨年12月に大阪高等裁判所において判決を頂きました。判5年に渡る裁判の結果、認可外保育施設の劣悪な保育状況を全面的に認めたものでした。しかし裁判所は、認可保育施設を認められなかったからと言って、亡くなった子どもが戻ってくるわけではありません。二度とこのような悲劇が起きることを願っています。このたび政府から今国会に提出された「子ども・子育て支援法一部改正(案)」について以下の様に要望致します。

#### 要望

1. 企業主導型保育事業には多くの不安・疑問、問題点と考えられるところがあります。それらを放置したまま出直しに決定することはやめてください。

2. 子ども・子育て支援事業を含め、子ども・子育て支援法一部改正はやめてください。

3. 子どもの命を守る事をなにより大切に、二度と保育施設において悲劇が繰り返されないよう、国会においてべつぶんな議論を行ってください。

COLUMN **6**
## それでも子どもが好きだから
保育現場の実態

ラッコランド京橋園乳児死亡事故裁判を支援する会　山本貴子

● 保育現場の実態

　こんなに働いて、この給料では……仲間がそういう理由で保育職場を去って行くとき、引き止められないのはとても残念です。保育労働は、幅が広く奥も深い。子どもの可能性を間近に感じ、エネルギーをもらう、やりがいのある仕事だと思います。

　時代とともに子どもたちが抱える問題や保護者の状況も多種多様に変化し、その対応にも心血を注ぎます。それだけに高い専門性も求められるのですが、業務が増える一方、保育士不足でさらなる負担の追い打ちをかけています。

　毎日の業務には、事務作業（個人ノート・保育日誌）、保育における教材研究および準備があります。日中は子どもと関わることが中心ですので、書き物はどうしても休憩時間にするか、残業または持ち帰りになります。保護者対応もノートだけでは不十分なときは、お迎えを待って話すので、定時で帰れないことも多いです。

　日々の保育では、絵を描いたり歌を歌ったり、ごっこあそびをしたり、お散歩やクッキングなど子どもの発達を促す様々な取り組みがあります。保育士ってマルチプレーヤーで芸達者（？）です。でも、最も大切なのは、心の成長にていねいに寄りそうことだと私は思います。だだをこねたり、けんかをしたり……と一つひとつの場面に意味があります。子どもと向き合っていねいに対応することで、子どもの自己形成や、自己肯定感が育まれます。

　その年齢にあった対応ができるのは、やはり経験も必要です。しかし冒頭にも書きましたが、働き続ける保育士が少ないため、経験を積んだ保育士の数は（特に民間では）多いとは言えません。ベテラン保育士は、日々の子どもたちや保護者対応だけでなく、新人保育士の指導も

プラスされます。

　保育士不足の中、配置基準を守るためには様々な雇用形態も生まれます。頭数は合っていても、短時間雇用の職員や、派遣保育士には残業やリーダー等は頼めません。毎日の業務では新人、ベテラン関係なく正職員の負担が増えます。そんな中で、せっかく育てた保育士も辞めていく……、ベテラン保育士も疲弊する一方です。そこへきての低賃金が、退職に拍車をかけているのです。

●それでも子どもが好きだから

　でも、そんな中でも保育のプロとして、頑張っている保育士もたくさんいます。ただただ、子どもが大好き。保育という仕事を探究しているうちに、月日が経っていたと言う人もいます。赤ちゃんが、初めて寝返りをした。立った、歩いた。苦手な野菜を食べてくれた。おおかみになったり、こぶたになったり、えのぐまみれになって子どもたちと笑い合う。日々の保育の中によろこびがたくさんあります。もちろん、保育の悩みもたくさんありますが、それは保育という仕事には、答えが一つではないからです。子どもには可能性がいっぱい。それが保育の楽しさでもあると思うのです。

　保育は人です。待機児童の解消ありきで、保育の質や保育士の労働条件が置き去りにされているのは、本末転倒だと思います。厳しい現状を何とか変えようとしながら、プロ意識とプライドをもった保育者もたくさんいます。保護者も子どもたちも、そんな保育者がいる保育園と出会いたいと思っています。すべての子どもたちが質の高い保育を受けて育つ権利をもっています。

　乳幼児期の大切さがもっと認識されたら、子どもたちを大事にする気持ちがもっともてたら、保育士の仕事の価値も認識されると思います。そのためにも私たちは子どもの代弁者として、声を上げ続けていかなければならないと思っています。

# 4
# 「うつぶせ寝」の危険性と保育事故をなくす取り組み

## (1) 乳児の「うつぶせ寝」をめぐって

　乳児の「うつぶせ寝」は、1930年代にアメリカで始まり、1970年代以降にイギリス、オランダ、北欧などに急速に広まっていきました（阿部、1997）。しかし、1987年10月にアムステルダム自由大学のヨンゲ教授がうつぶせ寝と乳幼児突然死症候群（Sudden Infant Death Syndrome／SIDS）との関連を示唆する講演を行ったことを契機に、ヨーロッパでは「反うつぶせ寝キャンペーン」が展開されました（大原、1991；阿部、1997）。その後、「うつぶせ寝」以外にも「家族の喫煙」「人工乳」といったSIDS危険因子が指摘されるようになり、「SIDS危険因子排除キャンペーン」は各国で成果をあげ、SIDSによる死亡率は急速に低下していきました(**表7参照**)。そして、「うつぶせ寝」発祥の地であるアメリカでも、1992年にアメリカ小児科学会が「健康な乳児には、うつぶせ以外の姿勢（仰臥位や側臥位）での睡眠を勧める」との勧告を行ったのです。

　日本でも戦後すぐに「うつぶせ寝」が流行した時期はあったものの普及せず、全国的なブームとなったのは1987年以降のことです(阿部、1997)。「うつぶせ寝で育てると頭の形がよくなる」「うつぶせ寝の方が寝付きがよい」として、保育所でも「うつぶせ寝」を取り入れるところが増えていきました。

　しかし、日本でもうつぶせ寝の流行に伴って赤ちゃんの窒息死が急増したことや、各国における「SIDS危険因子排除キャンペーン」の成果が紹介

表7　危険因子排除キャンペーンによる乳幼児突然死症候群発生率の変化

| オランダ | 1.3人（1986年） | 0.7人（1988年） |
| --- | --- | --- |
| アメリカ | 2.3人（1988年） | 0.7人（1992年） |
| ニュージーランド | 4.0人（1986年） | 2.3人（1992年） |
| ノルウェー | 2.4人（1989年） | 0.6人（1995年） |
| デンマーク | 1.6人（1990年） | 0.2人（1995年） |
| スウェーデン | 1.1人（1991年） | 0.4人（1995年） |

※人数は出生1000人あたりの発生数
（註）厚生省「乳幼児突然死症候群（SIDS）対策に関する検討会報告」（1998年6月1日報道発表資料）および阿部（1997）を基に筆者（平沼）が作成した。

されると「うつぶせ寝は危険」との認識が広がっていきました。厚生省（現、厚生労働省）は1999年から11月を「乳幼児突然死症候群（SIDS）対策強化月間」と定めており、『保育所保育指針解説書』にも乳幼児突然死症候群（SIDS）の解説とともに「うつぶせ寝にして放置することは避けなくてはなりません」と記載されています。

---

　乳幼児突然死症候群（SIDS）は、「それまでの健康状態および既往歴からその死亡が予測できず、しかも死亡状況調査および解剖検査によってもその原因が同定されていない、原則として1歳未満児の突然の死をもたらした症候群」と定義されています。

　主として睡眠中に発生し、日本での発生頻度はおおよそ出生4000人に1人と推定され、生後2か月から6か月に多く、稀には1歳以上で発症することもあります。SIDSのリスク因子として、「両親の喫煙」「人工栄養」「うつぶせ寝」の3点が指摘されており、うつぶせ寝にして放置することは避けなくてはなりません。うつぶせにする際には、子どものそばを離れないようにし、離れる場合には、仰向けにするか、他の保育士等が見守るようにします。特に入所初期の観察は十分に行います。

（出所）厚生労働省『保育所保育指針解説書』（2008年）より

しかし、うつぶせ寝を避ける理由として「SIDSのリスク因子の1つだから」というだけでは不十分と感じます。保育者の中にも「しっかり見ていればだいじょうぶ」との考えがどこかに残っていて、「うつぶせ寝」そのものの危険性についての認識は薄いように思います。「うつぶせ寝」はSIDSのリスクが高まるだけでなく、窒息のリスクも高まることを忘れてはなりません。先ほど各国の「反うつぶせ寝キャンペーン」によりSIDSが減少したと紹介しましたが、実際には窒息死が減ったのではないかとの指摘もあります。

　ラッコランド裁判に限らず保育事故の裁判では「SIDSか窒息か」が争点となることがよくあります。しかし、解剖所見からSIDSと窒息を鑑別することは困難な場合も多く、状況証拠によって裁判の行方が左右されているのが実情です。また、保育事故は部屋に職員と乳幼児しかいない「密室」で起こることが多く、事故時の状況を知る者が被告となった職員しかいない場合もあります。

　原告の主張が退けられたラッコランド裁判の第一審（大阪地裁）でも、職員らの証言から「幸誠は、本件事故当時生後4か月の順調に発育していた健康な乳児であり、（中略）幸誠が鼻口部閉塞等により窒息死したものとは認められないところ、剖検所見、病歴、死亡時の状況によっても死亡の原因になる病変等の内因の存在も、死亡の原因となる損傷も認められず、その他死因に結びつくような外因をうかがわせる事情は証拠上見当たらないこと等を総合すると、幸誠の死因はSIDSと認めるのが相当である」と判断されてしまいました。

　しかし、原告が逆転勝訴した大阪高裁の判決では、近藤稔和医師（和歌山県立医科大学教授）の意見書から「幸誠は、本件事故当時、生後4か月であり、月齢6か月以下であり未熟であったから、うつ伏せ寝の体位により鼻口部が閉塞されて低酸素状態になるまでの間に、顔面を横にするなどの危険回避行動を取ることができるほどの学習能力がなかった」として、職員や施設に注意義務違反があったと認められたのです。

## (2) うつぶせ寝の危険性――「うつぶせ寝実験動画」の分析から

　乳児をうつぶせ姿勢のまま放置することは、どれほど危険なのでしょうか？　一般的には「首がすわっていれば、頭を動かして窒息を回避できるのでは？」「寝返りができるようになればだいじょうぶ」と思われていることが多いかもしれません。たしかに生後5か月頃になると、うつぶせ姿勢でも両手を床につけて頭部を持ち上げることは可能です（**写真1右を参照**）。しかし、それは目覚めている場合に限ったことで、この姿勢を長く続けられるわけではありません。

　筆者らは、大阪府八尾市のファミリーサポート事業で起こった保育事故裁判に関わる中で「赤ちゃんの急死を考える会」が作成した「うつぶせ寝実験動画」を分析する貴重な機会を得ました。

　この動画（ビデオ）は、保育事故の被害者家族が「うつぶせ寝」の危険性を知ってもらうために友人らの協力を得て作成したもので（武田、2010）、養育者の見守りのもと、乳児を寝具上にうつぶせ姿勢で寝かせ続けた場合の反応や行動がビデオに記録されています。

　筆者らは、「うつぶせ寝実験動画」に記録された全24事例のうち12事例（生後19日～5か月10日）を対象に、①頭部の位置（水平・鉛直の2方向）、②鼻口と寝具の接触状態、③手指の動き、④発声、⑤全身運動について2.5秒ごとにコード化し、分析を行いました（服部・平沼・田中、2016；平沼・服部・田中、2016）。

写真1　うつぶせ姿勢（腹臥位）の発達的変化（左：1か月頃、中央：3か月頃、右：5か月頃）
　　　田中昌人『乳児の発達診断入門』（大月書店／1985）より（撮影・有田知行）

まず、定頸（首のすわり）の状態と腹臥位（うつぶせ姿勢）での頭部保持の領域（『新版K式発達検査2001』に準拠）などから対象児の発達段階を推定しました（**表8参照**）。ここで依拠したのは「可逆操作の高次化における階層－段階」理論（田中昌人、1987）で、通常の場合、「回転軸1可逆操作期」は生後1か月ごろ、「回転軸2可逆操作期」は生後3か月ごろ、「生後第1の新しい発達の原動力の発生期」は生後4か月半ばごろを示しています。

### face down（うつぶせで顔面を真下にした状態）の回避能力

　次に、各事例について「うつぶせ姿勢の開始から口または鼻が寝具に接触するまでの時間」（Phase 1）、「最初の寝具への鼻口接触からface downが10秒以上継続する状態までの時間」（Phase 2）、「face downとなってから保護者が危険と判断して撮影を終了するまでの時間」（Phase 3）を測定し、定頸前と定頸後の乳児で比較をしました（**表9参照**）。

表8　分析の対象となった乳児の日月齢・発達段階（推定）等（服部・平沼・田中、2016）

| No | 日月齢 | 推定した発達段階 | 頭部領域 | 定頸 |
|---|---|---|---|---|
| 1 | 生後19日 | 回転軸1可逆操作期 | Ⅰ | － |
| 2 | 1か月24日 | 回転軸1可逆操作期 | Ⅰ | － |
| 3 | 3か月11日 | 生後第1の新しい発達の原動力の発生期 | Ⅲ | ＋ |
| 4 | 3か月29日 | 回転軸2可逆操作期 | Ⅰ～Ⅱ | －～÷ |
| 5 | 4か月0日 | 回転軸2可逆操作期 | Ⅰ～Ⅱ | －～÷ |
| 6 | 4か月0日 | 回転軸2可逆操作期 | Ⅰ | － |
| 7 | 4か月1日 | 生後第1の新しい発達の原動力の発生期 | Ⅲ | ＋ |
| 8 | 4か月3日 | 回転軸1可逆操作期 | Ⅰ | － |
| 9 | 4か月10日 | 生後第1の新しい発達の原動力の発生期 | Ⅲ | ＋ |
| 10 | 4か月17日 | 回転軸2可逆操作期 | Ⅱ | ÷～＋ |
| 11 | 4か月25日 | 回転軸2可逆操作期 | Ⅱ | ÷ |
| 12 | 5か月10日 | 生後第1の新しい発達の原動力の発生期 | Ⅲ | ＋ |

＊定頸：している「＋」、だいたいしている「÷」、していない「－」

その結果、最初の寝具への鼻口接触からface downが10秒以上継続する状態までの時間（Phase 2）は、定頸後群の方が1分ほど長いものの、face downとなってから保護者が危険と判断して撮影を終了するまでの時間（Phase 3）は、定頸の前後で有意な差はありませんでした。そして、定頸の前後にかかわらず、乳児はface downから平均3分以内には危険な状態に陥っていたことがわかりました。このことから、生後4か月以後の月齢で、十分に首がすわっている乳児であっても、うつぶせ姿勢で頭部を床から上げて保持し続けることは難しいといえます。

また、「生後第1の新しい発達の原動力」が発生すると（通常は4か月なかば）、あおむけ寝（仰臥位）や支え坐りの姿勢（支坐位）では、自発的に周囲の対象に関心を向けて、頭や顔を左右に動かすことができるのですが、うつぶせ姿勢では、頭部を床から保持しつつ顔を左右に動かすことが難しいこともわかりました。5か月児は、4か月児に比べると、うつぶせ姿勢で床から頭部を上げて保持する時間や頻度は高まっていたものの、数分で頭部を床面に落としてしまっていました。さらに、うつぶせ姿勢での時間が経過するにつれて、手で上半身や頭部を支えることができず、頭部を真下にface downさせ鼻口部が閉塞した状態となる傾向にありました。

すべての事例で、頭部を左右あるいは上下に動かすなどして鼻口部閉塞の状態を回避しようとする行動が見られましたが、その動きは最終的には正中線上に"収束"してface downとなり、観察者が窒息の危険性を感じて抱き上げて終了していました。そこで、乳児の頭部の動きを「左右方向」と「上下方向」に分けてPhaseごとの発生頻度を算出し、発達段階ごとに集計しました。

表9　定頸前群・定頸後群における各Phaseの平均時間（平沼・服部・田中、2016）

| 群 | 人数 | Phase 1 | Phase 2 | Phase 3 | Total |
|---|---|---|---|---|---|
| 定頸前群 | 6 | 0m53s | 0m25s | 2m30s | 3m48s |
| 定頸後群 | 6 | 0m30s | 1m38s | 2m48s | 4m56s |

その結果、「新しい発達の原動力の発生期」（発達月齢4〜5か月頃）の群では、Phase 1 で「左右」の動きが、Phase 2 で「上下」の動きが多くなることがわかりました（図7参照）。最初は、うつぶせ姿勢のまま顔をしっかり上げ、左右を見回す余裕さえあった「新しい発達の原動力の発生期」（発達月齢4〜5か月頃）の乳児でも、いったん鼻口が接地すると、何とかその状況を逃れようと頭を上下に盛んに動かすことで疲労してしまい、結果として face down となって鼻口閉塞状態に陥ることが示唆されました。

写真2　事例9（4か月10日）の時間による状態の変化
　左：頭と顔をしっかり上げて正面を見る（うつぶせ開始1分26秒後）
　中央：号泣し、脚を強く蹴り上げ、つんのめる（うつぶせ開始2分13秒後）
　右：face down の状態が続き、次第に声がくぐもる（うつぶせ開始4分10秒後）

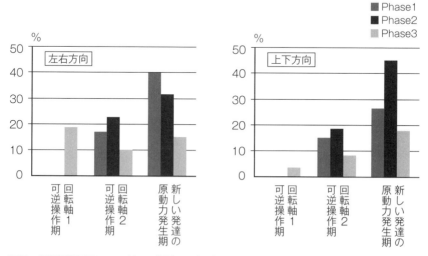

図7　発達段階別 Phase ごとの「頭部の動き」の発生頻度（服部・平沼・田中、2016）

## 「手の開閉」によるシーツ類のかき寄せによる危険性

次に、分析対象児の「手の開閉」行動に着目しました。これまでも「うつぶせ寝」にさせた場合、乳児がシーツやタオル等の寝具をかき寄せてしまい、それらが鼻口部を覆ってしまうことで窒息のリスクが高まることが指摘されています。

そこで、Phaseごとに「手の開閉」行動をカウントし、発達段階別に集計した結果が図8です。発達段階と発生頻度について関連を調べた結果、手の開閉行動は「生後第1の新しい発達の原動力の発生期」（発達年齢4か月半ば頃）で有意に多くなることがわかりました。「手の開閉行動」は、あおむけ姿勢では生後3か月以降に盛んになることが知られていますが、4か月半ば以降では、うつぶせ姿勢においても、手指の動きが誘発されることが明らかになりました。

また、布団やタオルなどの寝具が敷いてあった事例では、それを手指でつかんだり、かき寄せたりする動きが観察されました。特に事例3（3か月11日）、事例7（4か月1日）、事例8（4か月3日）では、頻繁に「かき寄せ」行動が観察され、かき寄せられたタオル等が鼻口部を覆ってしまうことで酸素不足

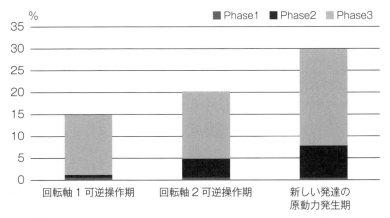

図8　発達段階別Phaseごとの「手の開閉」行動の発生頻度（平沼・服部・田中、2016）

や再呼吸現象が引き起こされ、呼吸困難に陥る危険性が高まることも考えられました。事例12（5か月10日）では、手で顔に触れたり、床にあるものをかき寄せたりする行動も観察され、両手を同時に床から離してしまったために顔を布地のカーペットに埋めてしまうことも数回ありました。

写真3　事例3（3か月11日）の時間による状態の変化
　左：頭部をしっかり上げたまま左の方を見る（うつぶせ開始38秒後）
　中央：顔は寝具に埋もれ、右手でシーツを掻き寄せる（うつぶせ開始1分39秒後）
　右：face down状態が続き、全身を伸展させ声がくぐもる（うつぶせ開始5分39秒後）

考察

　このように「うつぶせ寝実験動画」を分析した結果、生後1～5か月の乳児が「うつぶせ寝」で放置された場合には、いずれも数分のうちに顔が真下向きになり（face down）鼻口部閉塞の状況となるとともに、そうした状況を自ら回避することはきわめて困難であることがわかりました。さらに、「生後第1の新しい発達の原動力」の発生期（発達月齢4～5か月頃）の乳児がうつぶせ状態で置かれた場合に、①回避行動としての頭部の上下運動が激しくなり多大なエネルギーを消耗すること、②手指の把握機能の発達によりシーツ等がかき寄せられ鼻口部を覆ってしまう危険性が増すことから、窒息のリスクは、1～2か月児よりも、むしろ4～5か月児の方が高くなると考えられます。

　また、4～5か月児であっても、顔面を床面や寝具に接地した状態では首を左右に動かして鼻口部閉塞状態を回避する行動はほとんど観察されず、泣き声さえ脆弱になるケースもありました。4か月になる頃の乳児の場合に

は、眠かったり泣いていたりする時にうつぶせを始めると、頭部をあげたり左右に動かしたりすることが最初から困難で、発声ができなくなるような状態に陥ることもあります。そのため、みずから寝返った場合も含め、「眠った」と勘違いされて長時間放置される恐れもあり、入眠・睡眠時は顔と胸の向きや呼吸の状態について保育者・養育者が注意深く確認し続けることが必要です。

## (3) 睡眠中の事故を防ぐには

　表10は、厚生労働省に報告があった睡眠中の死亡事故のうち、「うつぶせ寝」で発見された人数を示したものです。認可保育所では「うつぶせ寝」の危険性についての認識が広がるなか、2014年以降は「うつぶせ寝」による死亡事故は起こっていませんが、認可外保育施設での「うつぶせ寝」での死亡事故は一向に減る気配がありません。これは、第2章1で述べたように、認可外保育施設の保育条件の悪さが主たる原因と考えられますが、夜間保育や24時間保育を行っている認可外保育施設やベビーホテルでの事故が後を絶たないことを考えると、こうした施設には、日中8～11時間の保

表10　睡眠中の死亡事故のうち「うつぶせ寝」で発見された数

|  | 認可保育所 | 認可外保育施設 | 合　計 |
| --- | --- | --- | --- |
| 2011年 | 1人 | 8人 | 9人 |
| 2012年 | 2人 | 3人 | 5人 |
| 2013年 | 2人 | 7人 | 9人 |
| 2014年 | 0人 | 4人 | 4人 |
| 2015年 | 0人 | 6人 | 6人 |
| 合　計 | 5人 | 28人 | 33人 |

(出所) 内閣府子ども・子育て本部『「教育・保育施設等における事故報告集計」の公表及び事故防止対策について』(2016年4月18日発表) より

育をベースに考えられている保育基準よりも、より手厚い基準と支援が必要なのかもしれません。また、実践研究も含め、保育施設等における乳幼児の午睡や夜間の睡眠に関する研究の必要性も強く感じます。

小山（2014）は、睡眠中の死亡事故が減らない理由として、①睡眠中の乳幼児の死亡事故は「予測も予防もできない病死」であるとの認識が定着しているため事故予防の取り組みが軽視されていること、②保育現場における厳しい保育条件の影響、③保育士養成機関で事故予防や安全に関する教育がほとんど行われていないことを指摘しています。

ラッコランド京橋園で事故当日に保育を担当していたのは保育士資格を持たない2人の若い職員でしたが、男性職員（当時19歳／無資格）は、尋問で幸誠くんを「うつぶせ寝」のままにした理由を問われて「あおむけにすると、また起きてかわいそうになるので」と答えています。本当に「起きてかわいそうになる」と思ったのかもしれませんが、保育体制の問題から「起きてもらっては困る」という事情があったのではないかと推察されます。また、当時25歳の女性職員（幼稚園教諭免許のみ保有）も「うつぶせ寝でも寝られる子はいるので、それが寝やすい子もいたので、その子は（姿勢を）変えずに、全員は仰向けに変えたりはしていません」と証言しており、「うつぶせ寝」の危険性についての認識の低さを示しています。

一方で、認可保育所における取り組みも十分とは言えません。うつぶせ寝やSIDSの危険性が指摘されるようになり午睡中のチェックは行われるようになってきましたが、2015年度に大阪保育運動センターが大阪府内の市町村（43自治体）を対象に実施したアンケート調査によると、SIDS・窒息死の防止対策として睡眠中のチェックを5分おきに行っている自治体は、0歳児で32％（14自治体）、1歳児で11％（5自治体）にとどまっています（大阪保育研究所、2016）。

また、2012年に大阪保育研究所が大阪府内の認可保育所（公立67か所、私立78か所）・認可外保育施設（15か所）を対象に実施した調査では、「タ

イマーを使って定期的に呼吸の確認をすることは必要か？」との問いに78.4％が「必要」と回答する一方、「お昼寝の時間に日誌をつけたり実務をこなしたりしていますか？」の質問に「ほぼ毎日」と回答した保育士は94.7％にものぼりました。

　睡眠中の呼吸確認などの安全対策はもちろん大切ですが、保育条件を改善しないまま、対策だけを現場に押しつけると、保育者の負担が増えるだけでなく、現実的な安全対策にはなり得ません。ラッコランド京橋園でも職員は「タイマーとチェック表を用いて10分おきに呼吸の確認をしていた」と主張（証言）していましたが、実際にはチェックができるような体制は取られていませんでした。

（大阪電気通信大学　平沼博将）

【文献】
阿部寿美代（1997）『ゆりかごの死―乳幼児突然死症候群〔SIDS〕の光と影』新潮社
大阪保育研究所（編）（2016）『大阪の保育問題資料集―2015年度版』大阪保育運動連絡会
大原俊夫（1991）うつぶせ寝育児と乳児突然死症候群との関係：オランダおよび英国の調査より」『小児保健研究』, 50(4), p.448-451.
小山義夫（2014）保育施設における子どもの死亡事故 全国保育団体連絡会・保育研究所（編）『保育白書2014年版』ひとなる書房
武田さち子（著）赤ちゃんの急死を考える会（企画・監修）（2010）『保育事故を繰り返さないために―かけがえのない幼い命のためにすべきこと』あけび書房
田中昌人（1985）『乳児の発達診断入門』大月書店
田中昌人（1987）『人間発達の理論』青木書店
服部敬子・平沼博将・田中真介（2016）乳児期前半の「うつぶせ寝」におけるface down回避行動と窒息の危険性（1）―「うつぶせ寝実験動画」における頭部制御の発達に着目して 『日本発達心理学会第27回大会発表論文集』
平沼博将・服部敬子・田中真介（2016）乳児期前半の「うつぶせ寝」におけるface down回避行動と窒息の危険性（2）―「うつぶせ寝実験動画」における手指機能の発達に着目して 『日本発達心理学会第27回大会発表論文集』

COLUMN **7**

# SIDS・窒息死を防ぐために

東大阪生協病院小児科　春本常雄

　ここ数年、小児科医師として、SIDSの予防活動や突然死の裁判と関わってきましたので、それらを振り返ってみました。

　まず、うつぶせ寝についてですが、以前よくされていましたが、現在ではSIDSの危険因子のひとつであり（あとは両親の喫煙など）、とりわけ乳児期にはすべきでないというのが常識になっています。SIDSだけでなく窒息事故という点でも、うつぶせ寝によって布団やタオルで口や鼻を塞ぎやすくなるので危険であり、また、観察がしにくくなるという点でも好ましくないと考えます。

　ご存じの方も多いと思いますが、保育施設での2015年1年間の突然死は14名であり（内閣府発表）、認可外保育施設が認可施設の20倍でした。しかも、睡眠中の突然死が10名で、そのうちうつぶせ寝が6名で、そのすべてが認可外保育施設での出来事でした。認可保育所ではうつぶせ寝は危険であるということが周知されている一方、認可外ではいまだにうつぶせ寝をさせたり、十分目が行き届かなかったりするのでは、と憶測します。

　さて、この間、保育施設での突然死の事例や裁判にいくつか関わっていきましたが、状況証拠や剖検所見に異常所見があるなど、SIDS診断ガイドライン（厚労省／2012年）に基づくとSIDSとは診断できないにもかかわらずSIDSの診断がつけられていることに疑問と憤りを感じます。SIDSの診断は慎重につけることが求められます。

　今後やるべきことです。まず、現場での対応です。SIDSや事故は入所直後に多いので、入所直後は特によく観察します。また、SIDSはほぼすべて1歳未満ですので、0歳児クラスは特に人的体制を厚くします。睡眠中の5分おきの観察を行うためには、その時間帯、それ専任の職員が必要であることが実践の中から発信されています。

一人ひとりの職員の努力には限界があります。子どもの安全を守れる人的体制を確保するのは保育所開設者の責任です。子どもを預かるからには、その安全に最大の配慮を行うことはプロとして当然です。不十分な人的体制で保育所として存在していることは危険であり、社会の総意で止めさせるべきでしょう。

　さらに、行政はそれを点検・指導する責務を負っています。しかも、少々俗っぽい言い方ですが、「口だけ出すのではなく金も出す」責務を負っています。行政のお金というのは元々は保育所に子どもを預けて親たちが汗水垂らして働いて得た税金等ですから、それは子どもたちの命の安全のために使われてしかるべきです。その地域で保育施設での突然死が頻発することは行政として恥ずべきことです。行政が子どもの立場に立っていないならば、社会に広く伝え、世論の力でそれを改めさせるべきでしょう。

　最後に。事故は極力予防できるものです。また、SIDSも危険因子を取り除くことで減らすことができます。子どもの命と安全を守ることは、保護者の願いであり、保育者の願いでもあります。保護者、保育所職員、開設者、行政がそれぞれやるべき責任を果たし、保育施設と家庭での死亡事故やSIDSが減ることを切に望みます。

# 5
# 楽しい保育の中の安全
―― 0歳児保育での取り組み

## (1) はじめに

　一審から高裁へと裁判が進む中、ラッコランドの日常が明らかになっていきました。
　「これって保育じゃないよね」傍聴をしていた保育士たちは口々にそう言っていたのが印象に残っています。
　保育……裁判を経て、この言葉を改めて考えることにもなりました。
　保育園には、0歳から6歳の子どもたちがいますが、ここではラッコランドの裁判を受けて、0歳児クラスの平均的な保育の実際の中で、安全面での配慮について書きたいと思います。

### ①4月の0歳児クラス

　慣れない環境、新しい生活、初めて出会う子どもたちとその保護者そして保育士。三者にあるのは緊張感。そんな中、日々の保育は始まっていきます。0歳児は、日ごと、月ごとに子どもの姿が変わります。その成長を見守り、発達を促すことが私たちの一番大切な仕事であり、またそれがよろこびでもあります。

　入園時に十分な面談をし、それまでの家庭での生活リズムや好みの環境、食事の様子などを細かく聞き取ります。入園後も保護者とは連絡帳以外に

も口頭で、お互いに子どもの情報を常に交換します。

　これから園で一日の大半を過ごすことになるので、園での平均的な生活のリズムを伝え、園と家庭で少しずつ生活を整えて行きます。

　文章にすると簡単ですが、入園前は一人ひとり異なる環境やリズムで生活してきているので、それらをきちんと把握したうえで保育を進めていかなくてはならず、4月当初は本当に大変です。(おんぶ＆抱っこでの保育は当たり前の4月です)。少しでも早く安心して園で過ごしてほしいので、できるだけ今までの習慣などを大切にします。

　保護者も初めて我が子と長時間離れ、おまけに仕事にも慣れないといけないので、親子ともに大変疲れます。

　慣らし保育を導入していない保育園でも、(安全面を考え)慣れるまでは可能な限り長時間保育は避けてもらうようにします。

　入園したばかりの4月は特に、子どもも保護者も心身の負担を軽くすることが一番大切と考えます。

　保護者との信頼関係を築くことも、保育士として大事な仕事です。

②やっとのことでこの世に生まれてきた命
　赤ちゃんを見ていると、本当にパワーや癒しをもらえます。園では、保育に悩んだ幼児クラスの保育士が時々やって来たり……。

　0歳児の担任になると毎日そんな幸せをもらえるのですが、それと同時に命の重さを間近に感じ、緊張も半端ではありません。少なくない事故の報告を聞くたびに、不安で胸が痛くなります。

## (2) 日々の保育における安全面での配慮

### ①0歳児クラスの毎日

　乳児期に大切なのは、まず生活のリズムです。食べる、眠る、あそぶを、毎日おおよそ一定のリズムの中でしっかりと保障します。

　心地よいリズムで生活することで、安心して園で過ごせるようになります。入園当初のストレスを少しでも早く取り除いてあげることも、命を守る取り組みの一つです。

### ②食べる

　ミルク、母乳→離乳食→普通食と食事内容は変化していきます。

　食べる（飲む）様子などをしっかり観察しながら、口に入れる量や大きさ、形などにも注意します。また、口に運ぶタイミングにも気をつけなければなりません。食べさせたいという思いが強くなってしまうと、ゴックンの前に次を入れてしまい、口の中がいっぱいになってしまうからです。

　食べ物を喉に詰まらせないよう細心の注意をしつつ、保育者は笑顔で楽しい食事時間となるよう、ことばかけや表情も大切にします。

　できるだけゆったりとした雰囲気をつくることも、事故の防止につながるのではないかと思われます。

### ③睡眠

　月齢や個人差によって、園での睡眠時間も違ってきます。午前睡や夕方の睡眠が必要な赤ちゃんもいます。睡眠中は、短時間であっても必ず睡眠チェックを行います。多くの園では、5分間チェックが行われているようですが、これは万が一の心肺停止の際、5分以内の発見であれば、5分過ぎた時よりも救命の確率が格段に上がるからと考えてのことです。

　チェックの際は、目視および口元に手をかざして呼吸の確認をし、体も

第 2 章 保育事故をくり返さないために

触って一人ひとりの状態を把握します。睡眠中うつぶせになった場合は、5分チェックは関係なく、すぐに仰向けに戻します。また睡眠中の環境（室温や湿度の調節や寝具）、厚着しすぎていないかなどにも十分配慮します。

④あそび

あやしてもらい微笑む……そんなことから赤ちゃんとのあそびが始まります。大人とコミュニケーションをとりながら遊ぶことで、人格を形成したり知的な発達を促したり、子どもにとってあそびはすべてのことにつながっていきます。わらべうたやふれあいあそび、感触を楽しむあそび、体を動かすあそび、手指先を使うあそび、戸外に出て外気に触れたり自然を感じたりするのも大事な経験です。様々なあそびには、きちんとねらいをもって

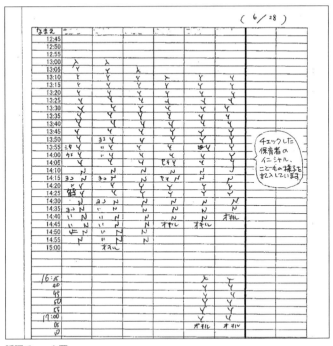

睡眠チェック票

取り組みます。危険のない安全な環境の中で、赤ちゃんにとって、ゆったりとした心地よい時間でなければなりません。

あそびの中のおもちゃは、子どもたちの発達を促すためにとても重要な役割を果たします。そのため、その子の発達にあったものを選んだり、またどんな発達を促すためのものか、ねらいをもったおもちゃ選びもとても大切です。布製の物、木製の物、プラスチック製の物等素材も様々ですが、すべてのおもちゃが良いおもちゃというわけではないので、良いおもちゃを見極める目も、保育士は必要とされるのです。

0歳児クラスの子どもたちは、必ずおもちゃを口に入れたり、なめたりして確かめます。うまくつかめなくて何度も落としたり、時には投げたりもしますので、安全で丈夫なものが第一条件です。また、一定の大きさ以外の物は飲み込んでしまう危険性もあるので、誤飲チェッカーで確認することもあります。

市販のものでしっくりいくおもちゃが見つからない時には、手作りおもちゃも活躍します。

もちろん、材料も含めて安全には十分配慮しながら、赤ちゃんが楽しそうにあそんでくれている姿を思い浮かべながら作っています。


## (3) さいごに

裁判を傍聴していて、ラッコランドの日常の中に、0歳児保育のこんな日常の絵がひとつも浮かんできませんでした。ベッドに寝かされたままだったことは容易に想像がつきます。

冒頭にも書きましたが、発達著しいこの時期、保育者との関わりは本当に大切です。自分の働きかけによって、昨日と違う姿が少しでも見られた時のよろこび、それを保護者と共有する時、保育士になって良かったと思

える瞬間です。

　自分のことを話しながら、大人たちがうれしそうに笑っている姿を赤ちゃんも見たり聞いたりしていることでしょう。

　人生の土台となる乳幼児期。この節では0歳児クラスのことを書きましたが、すべての子どもたちがていねいに、大切に育てられてほしいと願います。

（ラッコランド京橋園乳児死亡事故裁判を支援する会　山本貴子）

COLUMN 8
# 大阪市は何を教訓としたのか!?

社会福祉法人城東福祉会 今福保育園 園長　田辺伸子

2010年の全国保育団体合同研究集会。園長になって2年目の私は、「職員の集団づくり」の分科会に参加しようとしていた時、大阪市内の先輩園長が
「田辺さん、大阪の京橋で赤ちゃんの死亡事故があって、その提案があるから大阪のメンバーが参加してほしいねん！」
とのこと。
「京橋！」
今福保育園から近く人ごとではありませんでした。
初めて特別分科会「保育施設での事故から考える」に参加しました。被害者の方々が次々に報告されるなか、まるで被告席に立っているような感覚で怒りと申し訳なさの複雑な感覚で涙が止まりませんでした。
うつぶせ寝で放置、給食直後にうつぶせ寝で食べたものが逆流し喉につまらせて窒息などの状況を聞き、休憩時間に保育園に電話を入れ、主任に

「赤ちゃんの状態を見て回って、給食も食べすぎないように注意して！」
と少しあせっていました。
9月に保護者会総会があり「ラッコランドの死亡事故裁判」の報告をしました。それが今回、大阪高等裁判所で証人に立ってくださった清田さんにつながります。
私と職員2人も交代で裁判を傍聴し、職員会議等でその都度報告しました。また保護者会でも機会があるごとに報告しました。保護者もこの事故についてはずっと関心をもち続けてくれました。
裁判が経過していくなか、大阪市の橋下徹市長（当時）は「待機児童解消」の名のもとに1歳児の職員配置を1：6に切り下げました。子どもたちの処遇悪化と保育士の労働強化が進みました。大阪市は行政監査等で認可保育所に対しては"睡眠チェック""看護師配置"等を指導しています。しかし、子どもたちの環境

整備や保育士配置基準についてはだんまりを決め込んでいます。2015年、市長に就任した吉村洋文市長は、私たちの要望の声を退け1歳児の配置基準はそのままでいくと明言しました。

今年の3月、今福保育園ではちょっとした事件がありました。今まさに仕事がもっとも充実している中堅保育士Tさんの子どもが認可保育所に入所できませんでした。彼女は沈んだ表情で

「保育園落ちた、日本死ね！の気持ちです。どうしたらいいですか!?　このままでは4月から仕事に復帰できません」

本当に私も困りました。区の担当者に相談すると、「一つの枠に同じポイントの人が3人いるので、認可外保育施設に預けると加点されますよ」とのことでした。結局彼女は高いお金を支払って事故等、様々なことを思いながらハラハラドキドキで子どもを預けることになったのです。

事故の教訓が何も生かされていないことが本当によくわかりました。

大阪市は他市に比べて子どもにかける単費補助金が少なく、保育環境の充実など、本当に大変です。各保育園での努力に任されているのです。またラッコランド裁判以降も、悲しい事故が起こっています。大阪市は事故から何を教訓としたのでしょうか？　行政のあり方が問われていると思います。

# おわりに

　私が棚橋恵美さんと出会ったのは2013年9月に開催された保育集会でのことでした。大勢の参加者を前に、幸誠くんの事故のこと、今のご自身の思いを語るだけでなく、裁判への支援や保育制度の問題まで気丈に訴える棚橋さんの姿を見て、私は「若いお母さんなのにしっかりしているなぁ」と感心していました。しかし、話し終えて舞台袖に戻った棚橋さんは、その場でしばらく泣き崩れておられました。私が保育事故の「現実」というものを知ったのは、その時が最初だったかもしれません。

　わが子を保育事故で亡くされたご家族の悲しみや怒りは、私たちには計り知れないくらい大きなものです。その上、裁判を闘い続けることで、ご家族はつらい事故の経験やわが子の死と正面から向き合わざるを得ません。そして、裁判の中で見えてくる新たな「真実」は、さらに被害者家族を深く傷つけます。しかし、ご家族がそんな苦しい思いをして裁判を続けてくれたからこそ見えてきた真実の中に、保育事故の「本質」があると思うのです。そんな「真実」や「本質」を一人でも多くの人に知ってもらい、これ以上、子どもたちの尊い命が失われることがないようにしたい。棚橋さんと私たち「支援する会」はそんな思いで本書を出版することにしました。

　もう一つ、私たちを突き動かしたのは大阪市・大阪府への「怒り」です。ラッコランド裁判の高裁判決からわずか4か月後の2016年4月、またしても大阪市内の認可外保育施設で1歳2か月の男の子が「うつぶせ寝」で亡くなったという事件を知り、私たちは驚きと悲しみ、怒りと後悔、そして無力感で一杯になりました。「やはり大阪市は何もわかっていなかった…」「ラッコランド裁判で大阪市の責任を追及しきれていれば…」それは、大阪市がラッコランド裁判の判決を重く受け止め「二度と保育事故は起こさせない」と本気で対策を講じていれば絶対に防げたはずの事故でした。

## おわりに

　さらに、私たちの怒りに油を注いだのは、その事故の後に大阪府と大阪市が「待機児童解消」を口実に、さらなる保育の「規制緩和」を求めて国家戦略特区に申請したことでした。「これだけ多くの子どもたちが亡くなっているのに、まだわからないのか！」　私たちは「規制緩和」という暴力が子どもたちの命を危険に晒しているという現実に目を背け続ける大阪市と大阪府に抗議文を提出するとともに、本書の出版を急ぐことにしました。

　企画編集会議で議論を重ながら、原稿の執筆にとりかかったものの、執筆者全員が多忙を極めるなか、出版までのスケジュールはかなりタイトなものとなってしまいました。コラムにいたっては、執筆依頼から締め切りまでわずか3週間という「異例の」お願いでしたが、みなさん快く引き受けて原稿を寄せてくださいました。ラッコランド裁判を通して広がった「支援の輪」によって、本書もまた何とか難局を乗り切り、完成までたどり着くことができました。執筆者のみなさんには、あらためてお詫びとお礼を申し上げます。

　また、こうした難しい企画の出版を引き受けていただき、大阪での夜遅い時間の編集会議にも京都から駆けつけ執筆を励ましてくださったクリエイツかもがわの伊藤愛さん、田島英二さんには心より感謝申し上げます。

　世界がぜんたい幸福にならないうちは個人の幸福はあり得ない
宮澤賢治『農民芸術概論綱要』序論より

　この世から危険な保育施設がなくならない限り、子どもたち一人ひとりの大切な命は守れないし、私たちに本当の幸せは訪れません。子どもたち、親たち、そして、保育者たちの笑顔と笑い声が日本中にあふれるように、これからも知恵と力と勇気を出し合いながら、がんばっていきましょう。

2016年7月<br>編者を代表して　平沼　博将

編著者 |

平沼 博将（ひらぬま　ひろまさ）……第2章1、4、おわりに
大阪電気通信大学准教授。専門は発達心理学、保育学。1971年生まれ。
主な著書（共著）に『資料でわかる認知発達心理学入門』（ひとなる書房、2008）、『キーワードブック特別支援教育』（クリエイツかもがわ、2015）、『スペイン語圏のインクルーシブ教育と福祉の課題』（クリエイツかもがわ、2016）など。

繁松 祐行（しげまつ　まさゆき）……第1章2
弁護士、大阪弁護士会所属。1977年生まれ。
京都大学法学部、京都大学法学研究科法曹養成専攻、卒業。
主な著書（共著）に『原発の安全と行政・司法・学界の責任』（法律文化社、2013）、『士業・専門家の災害復興支援』（クリエイツかもがわ、2014）など。

ラッコランド京橋園乳児死亡事故裁判を支援する会
連絡先：大阪保育運動連絡会
　　　　〒542-0012 大阪市中央区谷町7-2-2-202　TEL.06-6763-4381　FAX.06-6763-3593

協　力 | 大阪保育運動連絡会　大阪保育研究所

執筆者 |

岩狹 匡志（いわさ　ただし）大阪保育運動連絡会……第2章2
大西亜雅紗（おおにし　あがさ）毎日放送報道局……コラム3
河村 　学（かわむら　まなぶ）弁護士、大阪保育運動連絡会会長……コラム4
清田 沙織（きよた　さおり）……コラム2
棚橋 恵美（たなはし　えみ）ラッコランド京橋園乳児死亡事故裁判元原告
　　　　　　　　　　　　　　　　　　　　　　　　　　　……刊行にあたって
田辺 伸子（たなべ　のぶこ）社会福祉法人城東福祉会 今福保育園 園長……コラム8
仲井さやか（なかい　さやか）ラッコランド京橋園乳児死亡事故裁判を支援する会
　　　　　　　　　　　　　　　　　　　　　　　　　　……プロローグ、第2章3
永谷 孝代（ながたに　たかよ）
大阪健康福祉短期大学・ラッコランド京橋園乳児死亡事故裁判を支援する会……プロローグ、第1章1
春本 常雄（はるもと　つねお）東大阪生協病院小児科……コラム7
藤井 真希（ふじい　まき）ISA／赤ちゃんの急死を考える会……コラム5
山田 倫子（やまだ　みちこ）ラッコランド京橋園乳児死亡事故裁判を支援する会
　　　　　　　　　　　　　　　　　　　　　　　　　　　　　　……コラム1
山本 貴子（やまもと　たかこ）ラッコランド京橋園乳児死亡事故裁判を支援する会
　　　　　　　　　　　　　　　　　　　　　　　　　　……第2章5、コラム6

### 睡眠中の保育を見直そう
～SIDS・窒息死を防ぐために～

監修／春本常雄
編集／大阪保育運動連絡会 健康管理部会
A5判21ページ　頒価200円

SIDS・窒息死について、その予防、対策についてコンパクトにまとめた内容です。保育所をはじめ、保育施設で乳幼児にかかわる人に、読んでほしいパンフレットです。

問合せ▶大阪保育運動連絡会・大阪保育研究所
　　　　TEL.06-6763-4381　FAX.06-6763-3593

---

## 子どもの命を守るために
### 保育事故裁判から保育を問い直す

2016年8月31日　　初版発行

編　著　© 平沼 博将・繁松 祐行
　　　　ラッコランド京橋園乳児死亡事故裁判を支援する会

発行者　田島 英二
発行所　株式会社 クリエイツかもがわ
　　　　〒601-8382　京都市南区吉祥院石原上川原町21
　　　　電話 075(661)5741　FAX 075(693)6605
　　　　ホームページ http：//www.creates-k.co.jp
　　　　メール info@creates-k.co.jp
　　　　郵便振替　00990-7-150584

印刷所　T-PLUS/為国印刷株式会社

ISBN978-4-86342-194-3 C0037　　　　printed in japan

好評既刊

## 遊んで育つ手づくりおもちゃ
大江委久子／著

子どもと一緒に身近な素材で楽しく作ろう、いっぱい遊ぼう。
育ちの過程で出会ってほしいおもちゃを手作りしませんか。
呼吸、両手、手首、からだ、ひも通し、音と手触り、ごっこあそびの発達に関わる7つのテーマにわけた、手づくりおもちゃ＆あそび30種類。　　　　　　　　　　1600円

## 子どものねがい 子どものなやみ（改訂増補版）
乳幼児の発達と子育て　　　　　　　　　　　　　　　　　　　白石正久／著

発達とは、矛盾をのりこえること──
現実の自分を前に苦しんでいる、しかし、発達への願いを放棄しない心を感じ合える。そんなとき、ともに前を向いて、いっしょに矛盾をのりこえていく力も生まれてくる。だからこそ…
発達の矛盾をみつめることは、人と人の絆をつくる。　　　　　　　2000円

## ていねいな子育てと保育　児童発達支援事業の療育　　　3刷
近藤直子・全国発達支援通園事業連絡協議会／編著

根拠法、運営費や利用者負担の仕組みが大きく変わる制度改定を重ねてきた児童発達支援事業。どんなに制度が変わっても、大切にしているものは変わらない。子どもと親を真ん中にした全国の療育実践から、児童発達支援事業の役割を伝える。　　　　　　2000円

## 自分を好きになる力　豊かな発達保障をめざして
近藤直子／著

発達とはできることの積み上げではなく、自分がこうなりたいと思って変わっていくこと。子どもの本当の願いにせまり、主体性をどう発揮させるかが大切。発達保障の歴史に学びながら、仲間とともに、子どもたちが豊かに育つ生活をつくっていこう──
ベテラン先生のやさしくて熱いメッセージ。　　　　　　　　　　　1200円

## 子どもの気持ちがわかる本　こころの安心の貯金通帳　　2刷
家森百合子／著

ほめるのが苦手なお母さん、いませんか？
普段の生活の中で、タイムリーにほめるなんてますますむずかしい。どうしたらいいの？
そんなときこの本を開いてみてください。子どもの気持ちがきっとみえてきます。　2000円

## 遊びたいな うん 遊ぼうよ本　発達を促す手づくり遊び　　2刷
仙台市なのはな共同ホーム／編

保育・療育実践にうらづけられた遊びの本。
なのはなホームの「よく遊び、よく食べ、よく眠る」生活リズムを確立することを大事にする取り組みと、子どもの発達に寄り添う保育・療育実践から生まれた手づくり遊び集。　1800円

［本体価格表示］